妥善處理自殺個案

洛倫·湯森 著
鄧英偉 譯

基道出版社

▼

Caring 系列

妥善處理自殺個案

Suicide
Pastoral Responses

作者
洛倫．湯森 Loren L. Townsend

翻譯
鄧英偉

責任編輯
羅慧琪

裝幀設計
奇文雲海．設計顧問

■

出版／發行
基道出版社
香港沙田火炭坳背灣街26號富騰工業中心1011室
LOGOS PUBLISHERS
Unit 1011, Fo Tan Ind. Centre, 26 Au Pui Wan St., Shatin, Hong Kong
電話：(852) 2687-0331　傳真：(852) 2687-0281
網址：http://www.logos.com.hk

承印
海洋印務有限公司

●

6/2009 初版
Cat. No. LP365
ISBN 978-962-457-369-5

刷次	10	9	8	7	6	5	4	3	2	1
年份	2018	2017	2016	2015	2014	2013	2012	2011	2010	2009

前言

沒有人喜歡談及自殺。在一些家庭裏，自殺仍然是個「家庭祕密」。教友家庭一般對於怎樣回應因自殺而喪親的教會會友，所知甚少。一個人自殺身亡之後，那些給遺下在生的人在驚恐、悲傷、無助感和信仰裏掙扎。震驚的死者家屬和朋友，不論他們是否地方教會的會友，通常會向教會尋求答案及安慰。雖然我們永遠不會完全準備好面對死亡，但是要面對未曾預料、自殺死亡的事件卻尤其困難。在這樣的悲劇發生後，我們會向甚麼地方尋求了解及教導呢？洛倫．湯森（Loren Townsend）提供了一些清晰、溫和及實際的指導，幫助我們所有人面對自殺這回事。在本書的起首，他簡述在人類家庭裏發生的自殺事件，其中按性別和年齡而分的動態及發生情況，以及已知的事前狀態及特徵。

讀者會從書中找到，在不同世代裏一些教會對自殺行為的不同詮釋的聖經及歷史背景解釋。

身為治療師及牧者的湯森，接下來明確地指出抑鬱症裏指向毀滅生命和在可能時需要介入的特有徵兆，並概述關顧者或牧者面對嚴重抑鬱症或企圖自殺事件時可能探討的課題。他反思牧者回應此等困難的危機時的界線及限制，對地方教會的牧者甚有幫助。他也幫助教會及其領袖設法按神的家的恩賜和限制協助死者親朋。文中提及醫學、心理學和宗教的資源與家庭的關顧；這些資源對回應這種往往悄悄發生又常常令人悲傷的危機的牧者、平信徒和會眾，都非常有用。

巴格比博士（ Daniel G. Bagby, Ph.D. ）
里奇蒙特浸信會神學院
（Baptist Theological Seminary at Richmond）
牧養關顧學亞當斯教席教授
（Theodore F. Adams Professor of Pastoral Care）

目錄

內容介紹

阿賓登出版社（Abingdon Press）的阿米斯特德（Kathy Armistead）向我邀稿，提議我書寫一本配合需要、有關自殺的書，但是我對此並不熱中。這樣的計劃既耗費時間又消耗情感。自殺並不是個令人快樂的題目。當然，在我接近三十年的臨牀實踐裏，有些受助者是曾自殺不遂的。更多的是抑鬱及考慮自殺的人。我是個受過危機及創傷解說（debriefing）訓練的治療師，多年來，我曾回應學校、教會、公司裏發生的自殺事件，也教導受訓的牧養輔導員進行自殺評估及回應。然而，我不情願書寫此書，卻出乎我及內子的意料之外，我竟然被它吸引了。真奇怪。直到快要寫完的時候，我才較為清楚為甚麼我矛盾的「不」最終成為「是」。

小學三年級的秋天，爸爸的生意合伙人自殺了。合伙人的妻子下班回家，在飯廳裏發現他。他向自己的上顎開槍。在他的身旁有張字條，請求妻子寬恕及解釋說自己的癌病復發了。他不能再忍受更多的治療。大人走在一起低聲交談。八歲的我，腦海裏產生可怕的影象。不需要借助八九十年代的荷里活的特別效果，我想像得到十二口徑的槍對人類肉體可以造成怎樣的情況。我見過爸爸槍擊雀鳥，也就輕易地將那些記憶套用在我們的世交身上。沒有人公開地談論他自殺或當中的含義。對於一個八歲小孩的噩夢，或首次真實地認識到死於暴力這回事，沒有人知道可怎樣做。那個學年，我家由此岸搬到彼岸。然後再搬家。又搬家。我的爸爸從不談及他個人的損失或最好朋友的死怎樣影響他。

在西雅圖讀六年級的時候，我小學的一位老師遽然離世，沒有解釋原因。沒有一個大人提及她的死，只說她走了。她自殺身亡可是個公開的祕密。初中的時候，住隔鄰的朋友的媽媽服藥過量，自殺身亡。當時是六十年代。我媽媽也服藥。她時常不快樂。下一個會輪到她嗎？朋友搬走了。沒有人提及她媽媽自殺。高中畢業後，好友的爸爸自殺身亡。他在退休之後變得抑鬱，吞槍自殺。他的妻子在後園發現他。我們的家庭是同一間教會裏的活躍分子。會眾裏以低聲、幾乎聽不見的聲音談及自殺。據我所知，當時沒有牧者回應此事。他在生的妻子與我媽媽是好朋友。J 太太一直受抑鬱困擾及接受精神科治療，直至十年後因併發症而死。

我想到這些事情，就明白自己為甚麼不能說「不」了。我所經歷的並不是特別獨特的。每年有超過三萬個美國人自殺身亡。大部分人及大部分教會會眾都必須在一些時候面對自殺事件。自殺是個人的事，是神學上的事，是會眾的事；是個人及會眾的故事裏常存的部分。讓牧者在自殺事件發生的時候有回應的資源是重要的。

目的

本書裏假設牧者經常是「最先回應」自殺事件的人；人們往往最先找他們支援身處自殺危機的家庭。關顧牧區信徒、樂於聆聽的牧者或其他宗教領袖，通常是人們最先表露自殺念頭的對象。當配偶、父母或孩子自殺不遂，人們經常找牧者作個人關顧或關心家人。遇見各種自殺形式之後，牧者可能覺得陷入生死的錯綜複雜裏，是他們沒有受訓面對的。我寫此書的第一個目標，就是為理解自殺、自殺的思想及自殺行為提供框架。這些都是人類的普遍事件，如果有所誤解，或會增加會眾裏的自殺傾向。第二個目標，是為應付自殺行為的一連串狀況，建議一套會眾的關顧策略。第三個目標，是提出釋放性實踐（liberative praxis），作為有助於對自殺事件的關顧過程及神學反省提供指引的方法。

自殺事件裏充滿情緒上的經歷——一般是抑鬱症裏，搖動生命的根基。這是透過一系列的想法和行動：由稍瞬即逝的自殘念頭到自殺，表現出來。第一章簡介自殺是個人、歷史及宗教現象。本書其他部分將會按自殺的一連串狀況，談及評估及回應自殺的想法，於自殺不遂時所提供的關顧，以及自殺事件後的回應。第三章會探討宗教及心理健康方面的調查，分析會眾的行為及自殺機率。本書裏不會處理協助自殺的倫理問題，也不打算談論一套關於自殺的神學。書中提供一個神學方法，引導牧者及會眾思考新問題和修正其解答，使之適用於特定的社會情況，而不是回答有關自殺的神學問題。在人類歷史裏，自殺帶來一些看來難以回答的問題。與此同時，生存及防止自殺代表深切投入那些關於生存及意義的問題，就是一旦有人了結自己生命而少不免會被勾起的。

基礎：從社會及宗教層面看自殺

自殺不是新事物。根據人類學研究，在人類出現的早期，自殺這事已經存在。人類有思考意義的能力——

人類的特色——彷彿跟刻意地及預先思考結束生命的能力分不開。這項觀察使卡繆（Camus）總結說：「只有一個真正嚴肅的哲學問題，就是自殺。」[1] 自殺是我們最早期的社會、文化及宗教集體回憶的一部分。幾乎每個文化裏的藝術、神話及宗教符號都包含自殺的意象和建構自戕的意義。從人類歷史最早期開始，自殺與宗教就無可避免地相連不分。

古代裏根源

根據人類學的證據，自戕一直是人類經驗的一部分。自戕也彷彿是人類集體自我意識的基本部分。[2] 人類社會愈趨複雜，結束生命的作用和意義也變得複雜。從西方文化的歷史看來，在各個時間及文化裏，自殺有多種意義。

在希臘及羅馬的故事裏，自戕是自願地死亡的堅決行為。這是使用繩子、刀劍或匕首的決心行動，幾乎不容有失。今天，我們的語言及符號裏仍然存留著古代人自殺的意象。例如，亞傑克茲（Ajax）這名字就描繪了堅決之力量。在歷史上，亞傑克茲是個戰士，被視為特洛伊戰爭（Trojan War）英雄，地位僅次於阿基里斯（Achilles）。但是，阿基里斯死後，他在爭論裏不敵尤利西斯（Ulysses），承繼不到阿基里斯的鎧甲。喪失榮耀，生不如死，亞傑克茲就倒在自己的劍刃上了斷自己的生命了。人們視他為榮耀及決心的不朽模範。歷代希臘士兵穿戴亞傑克茲的銅畫像作為鎧甲的一部分。英雌的象徵魯克麗絲（Lucrece）是另一個例子。她結束生命以保持名譽，並強調自己是被羅馬王子強姦的。跟亞傑克茲一樣，她的形象經常在羅馬藝術品及文藝作品裏出現，如通用名稱般存留。

為竭加追求卓越或應付可能遇到的羞恥而自願結束性命的高尚的人，在古代的文藝作品裏經常受到褒揚。單以羅馬文藝而論，就記載了超過一千名自殺身亡的哲學家、政治家及戰士。此外，自戕也是為人接受的處死方式（尼祿〔Nero〕下令要斯多亞派〔Stoic〕哲學家辛尼加〔Seneca〕自殺可說明），以及解決被禁止的戀情的方法。羅馬劇作家奧維德（Ovid，公元前 43 年～公元 18 年）安排拉姆斯（Pyramus）及西斯比（Thisbe）兩個人物角色以構想出自殺為浪漫奉獻的最崇高象徵，比羅密歐（Romeo）及朱麗葉（Juliet）早一千六百年。然而，這些關於自殺的神聖意義並不為所有人接受。在希臘及羅馬歷史裏，柏拉圖（Plato）的思想均具影響力，他反對以任何形式自殺。他在所著的《法篇》（*Laws*）裏斷言，結束自己生命者違反了命運的定旨。除非是被迫履行國家的命令，因遭遇苦難或受到極度及不能容忍的羞辱而精神失常，否則這就是不折不扣的懦弱行為。自殺是個違規的行為，喪生的人需埋葬在沒有標記或墓碑的「荒廢及無人知道的可恥地方」。[3] 在公元四世紀，這些教導成為了奧古斯丁（Augustine）關於自殺的神學的基礎。

猶太－基督教傳統

自殺雖然罕見，卻存在猶太－基督教的傳統裏。希伯來文聖經裏沒有自殺一詞，然而，其中明顯地記載了五樁自己造成的死亡事件。第一樁自殺事件載於士師記九章53節。當時北國的領袖亞比米勒在戰爭裏為一名敵方婦人投擲的上磨石所重傷。為免承受被婦人所殺的恥辱，他指示拿他兵器的人下手殺他。聖經清楚地記載，他的死是他做了不義的事的懲罰。在士師記十六章裏，參孫遭受非利士人凌辱折磨。他禱求得著力量，然後把建築物的屋頂拉倒，壓在自己及非利人身上。從歷史角度理解，參孫的死既是自殺行為，也是解放同胞的英勇行為。掃羅王的死（撒上三十一章）是第三個自殺的例子。他在爭戰時受傷，又肯定會被非利士人凌辱，於是結束自己的生命。*撒母耳記下十六至十七章記載了與押沙龍聯手背叛大衛的亞希多弗的故事。亞希多弗後來不再受押沙龍重用，吊頸自盡。心利（王上十六章）是舊約裏最後一個自殺例子。心利叛變，刺殺以拉王。七天之後，遭到敵軍圍困。他寧願焚燒衛所及葬身火海，也不投降或被殺。

這些故事都有個共通之處：促成每個死亡事件的，是會帶來羞辱或使人不光彩地死去的極度恥辱或軍事上的挫敗。在一個故事裏（參孫的故事），自殺看來是他作了一連串羞恥的決定後的英勇行為。亞希多弗及心利都因為叛亂而受刑罰——他們因罪而要自己提早結束生命。在這些發現以外，聖經沒有提到自殺的道德層面議題，喪生者的身後事援助，也沒有提及對自殺的懲罰或拒絕埋葬。

拉比傳統對自殺的立場強硬得多。惟獨神賦予人

* 掃羅的死是個複雜的問題，因有兩個記述。在撒母耳記上三十一章裏，為掃羅拿兵器的人拒絕刺死他，於是掃羅被迫自行了斷生命。在撒母耳記下一章裏，大衛懲罰一個亞瑪力士兵，那人報告自己殺死了受重傷的掃羅。

生命。除非情況非常特殊，奪去任何人的生命，包括自己的在內，都是禁止的。受苦的靈魂——摩西（民十一章）、以利亞（王上十九章）、約伯（伯六章）及約拿（拿四章）——向神求死，終止痛苦，但是人沒有權了結自己的生命。《米大示》（Midrash）及《米示拿妥拉》（Mishneh Torah）、《邁蒙尼德法典》（law code of Maimonides）嚴禁蓄意自殺。蓄意自殺者不會得到埋葬，其後也可能得不到死後的生命。然而，需要非常嚴格的證明才能判定人「蓄意自殺」。《巴比倫的他勒目》（Babylonian Talmud）為此定下標準（哀悼篇〔Semahot〕2：2）。首先，自殺者必須在多於一個見證人面前宣佈及預備進行致命的行為，並且在眾人面前即時行動。之後，當權者會要求更多更實質的證據。自殺者在宣佈後幾小時或幾天後才死去，或者自殺時沒有見證人，不可被視作自殺死亡。如果是根據環境的情況而自殺，這樣的死不可當作蓄意自殺。《猶太教法典》（Shuchan Aruch；十六世紀著作）排除未成年的人蓄意自殺，並且不把受困於必死環境裏的成年人（尤其是掃羅王）計算在內。[4]

顯然，除了極端的情況之外，自殺均被視為非理性的行為，當時人不需為此負上道德責任。甚至，在拉比的希伯來文（Rabbinic Hebrew）裏，代表自殺的詞語 *abed et atzmo* 的字面翻譯的意思就是「喪失自己」。[5] 就算在法律及醫學方面都有證據證明有人自殺身亡，但在猶太律法裏，也可能不判作「蓄意自殺」。此傳統深深植根於牧養上對尚在生者的關注。就算是很少發生的「蓄意自殺」事件，自殺者家屬所需要的哀悼儀式及體面的墓葬都仍然保留。

自殺也包括在我們福音的傳統裏。我們都清楚猶大背叛耶穌後自殺身亡。雖然新約作者譴責猶大出賣耶穌，但是跟舊約的故事一樣，他們並沒有評論他自殺。早期基督徒對自殺的態度是難以評估的。有些學者認為，基督教對於自殺的看法矛盾，在於釘十字架的主要形象。聖經斷言，耶穌選擇了十字架的道路。祂甘心地踏進自知的致命情況裏。不論期望的結果如何，這個形象象徵了為他人而自己死去的英勇選擇。同樣地，保羅認為「死了就有益處」（腓一 21）及選擇到羅馬，幾乎必定會死，都可以詮釋為由聖靈引導的自毀行為。[6] 本書不會探討此等說法的詮釋學及神學意義。但是這些例子的確説明基督教的矛盾看法的原因，就是對於生命、死亡，以及那些投進火葬的柴堆裏，擁抱將會殺死他們的羅馬士兵，或寧願溺斃也不願名譽受損的殉道者的自殺行為的。在我們的基督教傳統裏，深藏著對身體及塵世生活的價值的基本問題。在甚麼時候，人死去比生存更好呢？在甚麼情況下，自己決定死去屬於救贖故事中的一部分？或者，與之相反，是有違神所賜的生命之恩呢？

在早期的基督教文獻裏，對殉道者的崇敬會鼓勵自殺行為時，張力呈現。這個張力可以由安提阿的伊格那丢（Ignatius of Antioch，公元 107 年卒）與坡旅甲（Polycarp，約公元前 70～155 年）的不同看法説明。他們都是為信仰而被殺的。伊格那丢主動地追求與基督聯合，相信只有殉道才能達成。他追求成為「野獸的食物」及「神的麥子，用來磨成基督純正的餅」。[7] 而坡旅甲則斬釘截鐵地表明，不會稱讚獻身殉道的人，認為這「不是福音的教導」。[8]無論是以上哪個事例，那些因迫害（不論主動追求與否）而身亡的人，都成為了委身及信心的不朽象徵。

在四世紀裏，作為牧養上的關注，教會的教義正式反對自殺。為回應一羣女性因預料被強姦而自殺的事件，奧古斯丁表明聖經沒有禁止人自殺，卻也沒有說它是合法的。他表明不可殺人的誡命也包括殺害自己，以此阻止殉道式自殺。奧古斯丁對於可能是「由神吩咐的」自殺留有討論的空間（見《上帝之城》〔*City of God*〕，卷一，十八至二十六部分），彷彿要強調歷史性的基督教矛盾看法。這教義後來在布拉加會議（Council of Braga，公元 563 年）獲得肯定。亞奎那（Thomas Aquinas）提出較不含糊的陳述，延伸教會對自殺的解釋，把自殺確立為惟一不可寬恕的罪。人不能在死後認罪。這兩個教義影響了大部分基督徒思考自殺這課題。在天主教及東正教的神學裏面也反映出來，兩者在歷史上都接受殉道者，及禁止把結束自己生命者埋葬在神聖的墓地裏。新教的陳述也反映了視自殺的本質為罪惡的觀點，例如〈威斯敏斯特小教理問答〉（Westminister Shorter Catechism，1647 年）指出，第六誡禁止自殺；潘霍華（Dietrich Bonhoeffer）在《倫理學》（*Ethics*）裏也斷定自殺有違神的旨意。新教近代對自殺的思想傾向肯定生命為神的賜予，而神不會讓人承受過於可承受的痛苦。自殺就是沒有信心的表現，因為這是我們以自以為可以忍受的設定極限。[9]

當代的神學對自殺的分析保留了基本的矛盾看法。

保守的天主教徒、主流的新教徒及福音派傳統，仍然認為自殺是不可寬恕的罪及違反第六條誡命。然而，進取的天主教徒、主流的新教徒及福音派神學家都不再明確地批評自殺。這個情況可見於有關協助自殺的討論及宗派性的陳述，其中集中把自殺當作牧養上關注的事件，而不是神學教義的事項。聯合循道衞理會（United Methodist）的文獻〈自殺：事工的挑戰〉（"Suicide: A Challenge to Ministry"）即為一例。[10] 文獻裏確認，當代有關自殺的陳述以各種方式壓迫喪生者及尚在生者。所關注的，主要是確認造成自殺成因的社會因素，並向受到排擠及有自殺傾向的人表達牧養關懷。此陳述清楚表示，教會不是要作裁審官，而是要積極地支援有自殺傾向的人及服事尚在生者。

美國文化裏的事工

美國的處境顯示了從多個影響因素而來、對自殺的深層矛盾看法。本書不會探討美國裏關於自殺的深入社會分析。然而，身處美國的牧者必須關注在此特定的社會地點，造成自殺處境的各個複雜形象及態度。我們沒有以「美國式」態度看自殺。在我們的文化裏，自殺是一幅民族、宗教、政治的馬賽克拼圖。在一些事件上我們高舉英雄形象，如在九一一慘劇裏捨身成仁的人，堅守愛國主義而犧牲性命的人，或選擇必死之途以達成重要目的的人。在另一些事件上，我們譴責瓊斯鎮（Jonestown）及大衞教派（Branch Davidians）。觀看描繪勇敢地乘坐太空船撞擊彗星以拯救地球的「普通人」的電影（《末日救未來》〔*Deep Impact*〕），以及觀看描繪悲傷的父親為兒子爭取醫療福利，而願意遭警察射殺或槍擊自己的電影（《燃眉之急》〔*John Q*〕），我們激動。為那些協助生命已無望的人自殺的，我們爭論其中的好與壞。

若我們留心的話，可以聽到有些分析家認為美國人根本上都有自殺傾向。我們的生活方式破壞個人及羣體生命。我們以繁華換取對不同東西的沉溺，而心靈和身體卻捱餓，並以破壞環境生命支持系統的經濟政策來維持這些癮頭。結果，我們感慨自殺率幾十年來也維持不變，發展缺乏撥款的社會政策來遏止自殺事件發生，並且把企圖自殺當作要強迫入院的條件。

有關自殺的牧養關顧，就在這歷史、宗教及當代的基礎上裏進行。在企圖自殺或自殺身亡事件這處境裏事奉，往往是困難、消耗情感的，有時也是危險的。由此，帶來多個問題：應該怎樣向有自殺傾向者、尚在生者或會眾解釋自殺這回事呢？牧區內發生自殺事件的時候，牧者有甚麼資源及要履行的責任呢？有沒有有效的解答給予需要安慰及解釋的尚在生者呢？有沒有方法在牧區內防止自殺呢？調查顯示，在過去五十年裏，自殺行為永不是簡單的，是個複雜、多方面的行為，涉及生物、心理、社會及心靈的因素。我希望，下面的幾章會為牧者提供實際及經深思熟慮的資料，以處理這項困難的事奉。

1

評估牧區內的自殺可能性

自殺念頭屬於人類普遍經驗的一部分。根據研究員估計，美國有接近百分之二十五的人口曾經認真地考慮自殺。同一份文獻顯示，差不多三分一尋求輔導的人，考慮過自殺，[1] 在所有兒童及青年當中，大約百分之十曾經想過殺死自己。[2] 這些數據並不包括打算以死亡懲罰父母的憤怒兒童，或有自殺念頭閃過時會想到簡單情節的人。不包括暫時情緒低落、衝動地嚷著要死的年輕人；或有壓力，片刻間想過以死尋求解脱的成年人。在生時想到死亡是普遍的；佛洛依德（Sigmund Freud）寫過一條「死亡原則」，是全人類動機的根本。於為獲取豐盛生命而奮鬥的壓力中，有一種人類因素同樣把我們拉進死亡的靜寂。佛洛依德相信，此與生俱來的力量解釋個人及社會上自殺的念頭、行為及自毀舉動。不論我們是否認同佛洛依德對人類動機的分析，宗教領袖也可以假定自己的會眾內不少人有自毀的念頭。受壓的人或會思想自殺，至少是短暫的。精神病患者可能強迫自己考慮自殺，尤其是情緒失調症（mood disorders），如嚴重抑鬱症（major depression）或躁鬱症（bipolar disorder）的患者。

雖然自殺念頭幾近人人皆有，但是自殺在基督教歷史裏，是個很大的禁忌。牧區信徒將這「不可寬恕的罪」的神學傳統，理解為對大多不由他們控制的自殺念頭的責備。自毀的念頭象徵屬靈上的失敗。對不少委身的基督徒來說，這就是指永不在信仰生活的一般談論裏，提及如此越軌的想法。自殺的念頭、衝動和意圖都可能謹慎地隱藏在得體的信仰的掩飾之後。牧者、教友、朋友和家人對會眾中有人企圖自殺或自殺通常都感到十分驚奇。很虔誠的人或許激烈地排除自殺的念頭，抗拒透露自己有多沮喪。牧者大可合理地假定，在任何時間裏，他們所關顧的會眾裏都有人正在考慮自殺，只是因害怕指責而不願意透露自己的感受。良好的牧養關顧所要求的，是牧者發展一些不具威脅性的方法，去詢問會眾關於抑鬱及自殺思想的問題，評估自殺可能性，並建立合適的牧養介入計劃和付諸實行。

牧區牧者所受的訓練通常與牧養輔導員的有別，然而大部分牧者都有機會及所需的技巧去評估自殺的可能性，以及對於介入方面恰當地作判斷。牧者時常問會眾「生活過得好嗎？」之類的問題。當他們注意到教會裏有不少抑鬱的人這事實，就會知道對方的答案並不只是社交上的客套話，而是帶有重要線索的資料。好好地聆聽包括兩個層面上的傾聽——所説出的言語，以及告訴我們怎樣接收別人言語的情緒框架、語調、面部表情與身體姿勢。在第一個層面上，牧者需要警覺地留意指出人處於困苦中的不明顯表示——例如「這個月真難過」，「我可以靠著禱告面對」，以及人直接或幽默地談及正在經歷的悲傷、處理不來的壓力、絕望感或對死去的想法。使合宜的社交回應在情感上變得不可信的一些非言詞上的線索，同樣重要。「我很好，謝謝你關心」這句話，跟沒有眼神接觸、神情哀傷、聲音輕柔及最近沒有與他人接觸的紀錄，並不配合。對於以上任何一種個案，進行跟進的對話，可以提供機會讓自殺的思想顯明出來。

牧者能熟練地評估自殺的可能性後，必定要能自在地提出一些設計合適、不具威脅性的問題，詢問涉及抑鬱症的癥狀，並學習使用簡單辨別抑鬱症的工具。做得稱職，是指不受困於這迷思：以為向抑鬱的人問及自殺的念頭會使他們聯想到自殺。沒有證據顯示，詢問人有關自殺的事會激發自殺的思想。其實，直接提出自殺的問題，時常可以讓人自由地說出對自殺的恐懼，或談及第一次打算了結自己生命的計劃。多數牧者能夠在仔細設計的牧養交談裏，完成一次有三個步驟的自殺評估。為此，需要作好準備——透徹思考及寫下一連串問題，帶出對方對抑鬱症、增加自殺機率的因素、自殺念頭內容的回應。另外，也需要有助透露心底話及表露情緒的安全地方。

評估程序

第一步：辨別抑鬱症的病癥

網上有些有效的辨別抑鬱症工具，供牧者及其他專業人士免費使用的。[3] 這些工具是相對地簡單的，大部分為幫助專業醫護人員辨別及描述抑鬱症病癥而設的。有些工具是用來評估身體或精神健康的，需要特別訓練才可以使用，可能不適用於牧養的處境。牧者選擇辨別的工具時，應該清楚該工具是否需要持有特別的證書方可使用，並且自己是否受過足夠的訓練，以衡量必要的項目，使辨別的過程得以完成。出版商一般會簡述使用工具的所需資格。在一些情況下，請牧養輔導員或其他心理健康方面的專業人士幫忙作諮詢或指導，可給予牧者所需的訓練，去恰當及符合道德地使用這些工具。

在大多數牧養處境裏，提出簡單的問題詢問抑鬱症的主要病癥，就可以獲得足夠的資料，決定是否必須作進一步的評估。世界衛生組織（World Health Organization）為了主動幫助醫生及其他基礎護理員辨別抑鬱的人，提供了一套十條的重點問題，[4]是容易按牧區處境修訂的。這些題目取自國際的診斷手冊（《國際疾病分類第十版》〔International Classification of Diseases-10〕、《精神失調症診斷及統計手冊第四版》〔Diagnostic and Statistical Manual of Mental Disorders-IV〕）。有可能陷入抑鬱的人會被問及：在過去兩個星期裏，你曾經歷甚麼程度的：（1）悲傷及情緒低落，（2）對日常活動失去興趣，（3）缺乏能量或力量，（4）失去自信，（5）罪疚感或良心受責，（6）覺得生存沒有價值，（7）難以專注於正常活動，如閱讀、看電視，（8）不安或抑壓的感覺，（9）晚上難以入睡，（10）食慾減少或增加。

病癥以五個分數定等級。一分表示該病癥一直沒有出現；五分則表示該病癥一直出現。三分是病癥經常出現。對於抑鬱症的臨牀診斷，必要交由合資格的牧養輔導員或其他心理健康及醫療專業人員進行。然而，如果牧區有信徒在兩個星期內超過一半時間裏出現兩個或更多以上的情況，牧者大可懷疑他患上抑鬱症，作合適的轉介。因為感到絕望及抑鬱與自殺有直接關係，所以確實的抑鬱狀態分數往往是評估自殺機率的根據。

第二步：評估增加自殺機率的因素

大約三分之二結束自己生命的人，在尋死時都陷入抑鬱。與此同時，大部分抑鬱的人並沒有傷害自己。預計人自殺與否是複雜及困難的，研究人員因此找出一些促使人有自殺企圖的因素。牧者理解以下增加自殺機率的因素，有助他們對介入抑鬱的牧區信徒中作合適決定。

男性自殺的機率比女性高。歐裔美籍男性及女性的個案在美國所有自殺個案中，佔百分之九十。[5] 國家衛生統計中心（National Center for Health Statistics）的大型研究顯示，[6] 在所有自殺個案之中，歐裔美籍男性的佔接近百分之七十五。男性自殺身亡的比率比女性高四至五倍，歐裔美籍男性的自殺率是其他種族和族裔男性的兩倍。這個觀察與年紀有關的。人口統計學的數據顯示，歐裔美籍男性開始步入中年時的自殺率，呈線性增長。男性年紀愈大，愈有結束自己生命的可能，並且愈小可能承認有自殺念頭。這些男性傾向使用極度致命的方法了結生命，事前沒有徵兆。

強烈的絕望感覺與自殺行為有直接關係，並且可能比嚴重抑鬱更值得注意。雖然抑鬱症的病癥與自殺行為高度地互為影響，但是，只得病癥並不可預料自毀行為會出現。反之，抑鬱症的病癥加強了絕望感覺，促使人與人隔離，且防礙思想及判斷。

重要的是，牧者設法直接討論、辨別及關注絕望的感覺。這或許是個挑戰。我們關心牧區信徒，總想帶來盼望，叫他確信還有希望。對人說令人感到盼望的經文，及神能夠解決所有人類的情況，這並不困難。然而，絕望的人一般把這些鼓勵當作是別人惺惺作態，是證實他們的個人及屬靈生命欠佳，或者表明連神也不明白他們內心的感覺。結果，他們可能在情感上抽離，激烈地決定結束自己生命，或者決定以不誠實地營造出來的假盼望，安撫關心自己的牧者。只有先進到無望的深處，才可以理解希望，詩歌集裏充滿這樣的證據。然而，這對牧者是難的。他們跟抑鬱的人相處時間不多，而絕望者或會影響他們的安全。與牧區信徒一同凝視其絕望的深淵，是可以叫人難以承擔的；與他們一起探索絕望深處住了甚麼可怕的生物，可以使人驚懼。與其要跟看不見將來的盲目目光分擔重擔，背誦「萬事都互相效力，叫愛神的人得益」（羅八 28），承諾在遠處為他們禱告，是比較容易的。

牧者評估抑鬱的人的自殺機率時，必須在情緒上與那人所經驗的絕望感聯繫，以這些感覺為真實及可以理解的，直接地談及，並且避免提供容易充滿希望的解決方法。絕望的抑鬱者通常都試過牧者建議的解決方法，但都沒有成功。牧者必須學習了解絕望感，而不是無意地使這經驗更為複雜。

曾經酗酒或濫藥的人較大可能自殺。毒物學研究顯示，超過一半自殺身亡的人在死亡的時候，都在法律上是醉酒的。[7] 事實上，酗酒可能是自殺身亡的最有力的單一預報。[8] 一組研究人員發現，依賴酒精的男性自殺的可能比一般人高出二十五倍。[9] 壓力沉重、人際差、失去支持及酒精，是男性的致命組合。相比一般人或相同處境的女性，遭遇這些情況的男性較可能使用高度致命及暴力的方法（槍械、吊頸）自殺。研究發現，酒精使人產生一種短淺的目光，減低一個人的認知能力及收窄其思想範圍。醉酒者只知道眼前的事情而不能知道其他，不能考慮行為的後果，也看不見其他人明顯看到的其他出路。由此，他們較容易自殺。[10]

最近失去社會支持的人的自殺機率會增加。失去社會支持可以包括因搬遷遠離熟悉的朋友及家人，支持自己的人去世，與教會的關係沒有了，或因患抑鬱症而與人疏離。離婚或喪偶可能使男性的社會支持系統崩潰。

最近失業或喪失社會經濟地位的人的自殺機率增加，男性尤甚。此因素往往涉及對不能重獲失去的東西的絕望感。

家人曾自殺的抑鬱者，自殺機率增加。家人曾完成自殺，可以令家屬以為了結自己生命是得到准許的，死亡是面對絕望的情況的可行選擇。家人自殺可能也使長期而複雜的悲傷過程出現，蝕在同代及跨越幾代人裏所傳送的希望信念。

確診患精神病的人較可能將自殺念頭或衝動付諸實行。患有情感障礙症（affective disorders；例如嚴重抑鬱、躁鬱症）、精神失調症（thought disorders；例如精神分裂症〔schizophrenia〕或情感性分裂失調症〔schizoaffective disorder〕）及一些性格失調症（personality disorders）的人的自殺機率最高。[11]

另一些增加自殺機率的因素包括：

- 喪偶、離婚或單身（尤其是男性）；
- 患慢性疾病的人；
- 因家庭或個人事務經歷強烈、即時的情緒劇變的人；
- 曾經企圖自殺；
- 能夠獲取槍械的人。

增加自殺機率的因素，不是指自殺是無可避免的，或他們必即時採取行動。在關顧的一連串過程裏面，這些因素可以（應該）讓牧者提高警覺，分辨抑鬱症及增加自殺機率的因素。在某些情況下，一些因素比其他因素更重要。例如，一個感到抑鬱、表示絕望、曾經酗酒、定期打獵（從而獲得槍械並感到自在的）的歐裔美籍男性牧區信徒，跟最近離婚、表示絕望、在關係上得到良好支援的抑鬱非裔美籍女性，彼此所集合的機率是不同的。明白到增加自殺機率的因素，就是有了必須的資料，得以評估抑鬱的牧區信徒奪去自己生命的可能性。

第三步：評估致命性

當抑鬱症及增加自殺機率的因素存在，我們就需要進行致命性評估。這一般包括**估量自殺意圖**及**可能採取的方法**。辨別**意圖**，包括探討自殺的決斷性——即一個人對要結束自己生命的投入程度。估量**方法**，探討人心目中的死亡方式的致命性。自殺的意圖可以以三個階段量度——只有念頭，可確認的計劃，時間表。每個階段裏都需要仔細的調查。

第一階段：辨別自殺念頭。從偶然、突然闖入腦海的死亡形象，到不斷專注於惟有結束生命才能解決無望的問題，我們可以在這連續的思路裏觀察自殺的念頭。在這思路的一端，偶然思想死亡可能表示情緒低落，但是不可算有很高的自殺機率。當傷害自己的念頭變得更明確具體的時候，傷害自己的可能便會增加。

一連串開放式問題，讓牧區信徒可以談論關於傷害自己的念頭，也幫助牧者評估意圖自殺的程度。關於抑鬱症及自殺的問題是高度敏感的，只應該在可以確保不洩密及容讓表達強烈感情的處境裏提問。由此，任何公共場所，或任何因其他承諾、優先事情而不能進行更深入談話的情況，都排除在外。非言詞的線索如望手錶、接電話或望向電腦裏未完成的講章，都可以表示那關於抑鬱症的談話是不受歡迎的打擾。關於自殺或抑鬱症的問題應該常限於是一對一的牧養性談話，除非我們絕對確定，牧區信徒的配偶或密友是可以信任、相關的、提供支持及使談話更坦誠的。

怎樣詢問關於自殺思想的問題，同樣是關鍵的。在牧養性談話裏，無意地傳達的潛台詞會中斷真誠的交流。如果自殺者感到自己會受到宗教上的判斷或得到「心靈雞湯式」的屬靈回應，就會猶豫剖白自己的思想。如果牧區信徒覺得，牧者對於深層的情緒經驗表現不自在或欠經驗，就可能選擇保護他們，不提及生命的黑暗面，把自殺念頭埋藏在心裏。這些因素使牧者需要自覺地注意在詢問有關自殺的敏感問題時，是怎樣表達自己。與敏感的伙伴預習提問重要的問題，可以獲得有關怎樣提出及接收關鍵性問題的意見。多練習也能使人自在地談論自殺這回事。

我們可以用幾個重要的問題去評估自殺念頭。「你想過傷害自己嗎？」這問題開展有關自殺的討論。以不具威脅性、非判斷性的方式提出，這問題容許回答者逐漸承認不可接受的自殺念頭。藉在談話裏鼓勵對方，可以更深入地了解對「你想過傷害自己嗎？」這問題的初步回應。表示同情的非言詞表現（點頭、流露關心的面部表情）、言辭上的認同（「我知道，要說出這些想法並不容易。」）、鼓勵對方更多剖白（「你可以告訴我多一點關於……嗎？」），以及逐漸更具體、有關自殺構思的問題（「你說想到死亡的安寧時，你的意思是否你想著要結束自己的生命呢？」），都會帶出對評估重要的細節。

「這些念頭時常出現嗎？」是個評估自殺念頭怎樣入侵日常生活的重要問題。這問題所要求的是對細節執著和留意，因為傷害自己的念頭滿帶著矛盾的情緒。要做好評估，就需要謹慎弄清楚抑鬱者有多少時候、在甚麼時候及在甚麼情況下考慮自殺。這一般是指要詢問更具體的問題，例如：「你是否每天都想到要結束自己生命（或每星期幾次，諸如此類）？」「你是否在一天的特定時間裏有這些念頭？」「你是否在特定的環境裏，例如工作時、在家中或於教會時有這些念頭？」「這些念頭是否涉及你生命裏任何特定的關係呢？」具體的問題有助斷定瀰漫著的自殺思想已是怎樣——真的是「無時無刻在那裏」或「只是偶爾的念頭」？自殺念頭愈頻密和具體，自殺的機率也愈大。相比在壓力下才產生的模糊念頭及對死亡的幻想，每天都專注考慮結束自己生命的念頭是較可能變成自殺行為。談及在甚麼具體情況下自殺念頭會增加，有助牧者辨認已形成的自殺念頭及清楚增強絕望感的特別情況。舉個例子，相比一個每次與配偶吵架或每日的工作都叫他考慮自殺的人，在每個聖誕節都認真地考慮結束生命的人較小機會自殺。不論情況怎樣改變都充滿絕望及每天都考慮結束生命的人，是很可能自殺的。

「你覺得這些念頭怎樣呢？」這問題有助評估自殺者的矛盾情緒。多數考慮了結自己生命的人都想做另一個選擇。腦裏閃過的自殺念頭使不少人懼怕。人很少決意使自己離開這世界。牧者可以仔細地探查對方對死亡的感覺，及以為死亡可以帶來甚麼的信念。在評估的過程裏，重要的是讓牧區信徒感到，他們內心的經歷是得到重視的。這樣的談話旨在幫助自殺者談及令他們想要死亡的情感、驚懼及信念。不是要在談話中矯正他們信仰上圍繞自殺思想的、站不住腳的信念。也不要鼓勵抑鬱患者從另一個不同的角度去看生命。他們感到要改變的壓力，就不會剖白。真誠的談話常常增加對自殺的矛盾情緒，可以減低感到絕望的壓力。小心的探查也可以揭露一個人對結束生命這構想的接受程度，以及行動的決心。相比那些猶豫或害怕前路就是要結束自己生命的人，認為死亡是個除掉絕望感的清晰及可以接受方法的人，更有可能自殺。

第二階段：可確認的計劃。如果有傷害自己念頭的人對怎樣結束生命有一配合的構想，其自殺的可能劇增。要評估自殺計劃，需要具體的問題：「你有沒有想過怎樣結束生命？」正如之前提出的問題一樣，這個問題必須非常小心地提出。這問題必定是個敏感的邀請，去分享個人資料，而在世上可能再沒有其他人知道的。這問題也必須在恰當的時候提出。安排得當的牧養性談話裏，牧區信徒透露不為人認同的念頭時，會有一些「喘息的時間」，可以平伏心情。停下幾分鐘，面對這吐露心聲的事實，可令牧區信徒放心——牧者體會其內心的感覺，沒有相應地試圖説服他們要除去自殺的念頭，並在他們生命裏發生嚴重衝突時，不會令他們感覺被遺棄了。

透露出來的自殺計劃需要得到仔細及積極的聆聽，在其中必須立即完成幾件事情。第一，良好的聆聽應該使對方放心，就是牧者不會負面地批評，也不會衝動地貿然知會其家人或當權者。第二，良好的聆聽必須增加彼此的信任，是之後的介入可能需要的。最後，良好的聆聽必須鼓勵對方自己透露自殺計劃的詳情。無論是以甚麼形式，以下的問題，都應提出來並得到回答：

- 你計劃怎樣結束自己的生命？
- 你會用甚麼方法？
- 你會在哪裏做這件事？
- 你會在甚麼時候實行這計劃？

最後，仔細地聆聽是指要取得任何傷害自己的計劃的具體細節，並且建立一種身同感受的聯繫，有助日後的介入。

一個人在心裏計劃了結束生命所需的步驟，大概就是要做出致命的行為了。牧區信徒由有自殺念頭，進而計劃自殺，這個簡單的事實足以要牧者直接行動。

然而，要評估進行哪種程度的介入，計劃的細節是重要的。可以從以下幾方面評估計劃：

1. **計劃有多具體？**認真的自殺計劃通常包括選擇結束生命的方法、行動的條件、「說再見」的安排及時間表。在大多的情況下，計劃會包括料理身後事的安排。自殺者需要多個小時思考及很多情緒能量，才能計劃較完善的安排。計劃的過程，讓打算自殺的人在認知上有空間、在情緒上有時間去接受死亡及自殺行為。非常具體及仔細的計劃代表自殺意圖甚大。

在一些個案裏，牧者可能要留意素來秉性衝動的人。他們可能不會預備仔細的計劃，但卻在特定的情況裏，如工作上的挫折或婚姻衝突加劇的時候，決定要了結生命。這些個案裏，牧者需要評估對方描述的情況有多清晰，以及觸發自殺計劃的重要事件是甚麼。

2. **計劃有多「可行」？**與所需特定條件未能即時出現的計劃相比，可以即時進行的計劃是較危險的。例如，有個接受牧養輔導的人，透露了自己考慮周詳的計劃：駕車出城，到偏僻的地區坐下，最後一次觀看日出，然後用一直放在車尾行李箱、裝滿子彈的手槍結束生命。雖然他沒有定下日期，但是每個早上睡醒後，滿腦子想著在當天死去。另一個受助者計劃駕車從太平洋上的高吊橋上衝下去。然而，他沒有車，居住的內陸地方距離他選擇的吊橋有兩天車程。他未清楚地計劃怎樣取得汽車，也指出在結束生命之前，還有幾個重要細節需要決定。

第一個例子裏的人非常有可能自殺。他的計劃清楚精確，已經定了地點、確認自殺的條件，也有可即時行動的方法。第二個例子裏的人的自殺機率較低。他未想清楚自殺的細節，行動的條件尚未達到，也沒有立即可行動的方法。兩個個案都需要牧者介入，而牧者需要立即介入第一個個案。

3. **計劃有多致命或暴力？**計劃以暴力方式自殺的人往往決意尋死。涉及槍械、吊頸及從高處跳下的計劃，是最有可能完成自殺的。這些方法甚少有改變主意或讓無法預見的事情介入的空間。有研究發現，管有槍械的人最有可能自毀性命。使用槍械是最可靠及暴力的自殺方法之一，通常當場奪命。要以較不暴力的方式結束生命，一般需要花時間收集藥物、出外或設置一些自殺裝置。遲延了，讓自殺者有時間再思，讓他人有機會介入，或選取的方法行不通。

使用槍械這事需要牧者即時介入。然而，在任何情況下，牧者都不應該在對方持有槍械的時候，嘗試親自介入。在一些事例裏，有牧者嘗試勸導自殺的牧區信徒放低武器，卻成為殺人自殺（homicide-suicide）案的受害者，或在牧區信徒結束自己生命時被意外射傷。當在場有裝滿彈藥的武器，讓自己或他人在其中犯險，是鹵莽不過的行為。如果對方荷槍實彈，並且即時進行自殺計劃或企圖自殺，報警就是惟一可選擇的負責任做法。牧者聯絡警方後，其介入的工作並未因此完結。處理危急的自殺情況時，不少團體及警方都視牧者的技能及他們在場是有價值的。牧者可以提供跟進關顧，並且在一些例子裏，牧者是處理槍械危機的團隊的一員。

4. **計劃裏是否包括酒精或藥物？**超過一半自殺案是由法律上定為醉酒或神智不清的人完成的。酒精促進自殺的思想，移除自殺行為的最後防線，增加自殺機率。

5. **自殺者有沒有定下死亡的時間和日期？**已經定下明確死亡日期的人，自殺機率是高的，尤其這日期是在不久的將來的。

6. **自殺者是否已經完成計劃的條件？**已經安排好死亡條件的自殺者，自殺機率極高。那些最可能自殺的人或不會透露自己正在準備死去。牧者可能需要詢問其他人，自殺者是否已經將自己的事務安排妥當，更改遺囑，突然清還欠債，安排葬禮，或者作出可以令人以為是表示「說再見」的行為。由於嚴重抑鬱的人會因為要完成死亡的計劃而生氣勃勃，所以對於情緒突然地變得正面，例如不尋常地快樂、變得額外有力量，或有時工作出奇地有效率的人，牧者應該就此問個究竟。

7. **有沒有證據顯示自殺者的衝動？**片刻衝動的結果可以是致命的行為。評估裏應該包括類似問題：「**你是否有過突發的衝動去傷害自己，難以控制呢？**」之後跟進對話可以探討對方曾經怎樣處理生命裏其他範疇，如消費、飲酒或人際關係裏的衝動。曾經不擅控制衝動的人，或患抑鬱症而控制不了情緒的人，就是沒有明確或可行的計劃，也很可能會自殺。留意他們最近有沒有控制衝動的困難，是特別重要的。

珍妮（Jane）有抑鬱症的癥狀，感到絕望。她有時候想到要結束自己的生命，卻沒有清楚的計劃。在一次談話裏，珍妮說她去過幾間酒吧，不能自已地喝酒。她跟一個不相識的男人發生關係，心想：「有甚麼損失呢？」第二天早上，珍妮感到懊悔不已，對自己恨之入骨，心願有足夠藥物讓她自盡。小心地詢問珍妮之後，發現她時常控制不到自己狂歡消費，以及對開展及終止感情關係態度飄忽。她曾在幾年間努力控制自己的衝動，但是最近又再失控。

當衝動是個問題，牧養的計劃必須包括預防突發性自殺的行動。其中可能包括告知對方的配偶、一名親友或好友要定期查看對方衝動的思想，並訂下對方要負責的不自殺合同，藉此防止突發的行為。（關於不自殺合同，此章稍後會討論。）

8. **抑鬱症或絕望感覺是否防礙了現實評估能力（reality testing）或智力的運作？**人的認知能力減弱時，其自殺機率會劇增。牧者或會留意到，抑鬱的人「思想不正確」或以明顯地奇特的方式理解現實。小心地觀察及提出問題，清楚其思想，可以獲得足夠的資料，知道怎樣行動。舉個例子，認知能力減弱的人可能感到自己不能有清晰的思路。（澄清的問題：「你可以告訴我，你說『我不能控制自己的思路』是甚麼意思呢？」）有些人的說話可能使聽的人感到混亂，因為他們並不能保持連貫的思想，或者因為所說的事情在理性上並不合理。（觀察：不論提出甚麼澄清的問題，對方的說話仍然是不合理的。）這種損害可能包括使人妄想、*幻覺或感到被人（或神）控制思想或行為。（澄清的問題：「你可以解釋一下，你說你要為⋯⋯負責是

* 妄想是指對日常生活的錯誤信念，大部分認知上沒有問題的人都知道這信念是錯誤的，譬如認為「中央情報局正在監視我」，自以為控制他人的虛妄信念，或深信自己犯彌天大罪，不為所有宗教信仰或理性的界線所容。

甚麼意思？」「你說你聽見神向你說話，這是甚麼意思？」「多講一點給我聽，你的同事約翰（John）是怎樣叫你把汽車駛離馬路的？」觀察：對方的異常行為，可能是意味對方正在聆聽或看見一些在會客室裏不存在的聲音或東西。）受損的人也可能對時間及地方感到迷惘——他們可能不知道自己身在何處，為何自己會在牧者的辦公室裏，不知當天的日期和時間，或是自己居住的城市名稱。（澄清的問題：「為甚麼你今日來見我呢？」「為甚麼我來這裏探望你呢？」「今天是哪年哪月哪日？」「你住在哪裏？」）最近記憶力衰退或進行典型智力工作的能力減低，也可能意味認知能力受損。對於嚴重抑鬱的人，這些癥狀並不罕見，需要即時接受精神科的檢查。如果精神科醫生未能立即以電話應診，牧者應先安排對方前往急症室。

第三階段。時間表。要估計自殺的時間表，牧者需要詢問自殺者一些具體的問題：關於通往死亡的步驟，以及有何接近那結果的進展。談論自殺的時間表是令人敏感的。牧者需要深刻地了解牧區信徒的絕望感，及設身處地感受他結束生命的渴望。自殺是個不可告人的禁忌；牧者的這種聯繫讓自殺者可以說出為自殺而作了甚麼準備。在這談話裏，牧者必須讓對方知道，他是理解的，不是作判斷，並且會接受對方透露的事情，不會驚惶或有過分的反應。（「你明顯仔細地考慮過自殺。我聽到你說，你覺得自殺是你惟一的選擇。你細想過死亡對你及你身邊的人的意義。你亦曾告訴我，決定了怎樣自殺。你已經有自殺的工具——有一把手槍、收集了藥物、買了繩子等——你可以告訴我，你進行計劃之前還要做甚麼嗎？」）

計劃及時間表反映對方有多想自殺，自殺的致命性，以及是否要提供即時的關顧。例如，上述那名隨身攜帶手槍的受助者，承認已經處理自己的財務安排，跟生命裏重要的人説過再見，並且把最重要的財物送贈了別人。他購買了一瓶最喜愛的美國波本威士忌，只等第二天的日出。他極有可能自殺。他的意圖清楚，計劃具體，時間表上所列的已完成。牧者需直接及即時介入。然而，對於那打算駕車從吊橋衝下去的受助者，他的計劃並未完成，牧者需要認真地留意，但不需要作即時的危機介入。相比之下，第二個個案造成即時傷害的機率較低，而牧者亦可有更多回應的選擇。

牧者應該認真地看待每個自殺的念頭，不作過度的反應。每個個案都是獨特的，需要謹慎及個別的評估。這十分有賴牧者的能力，去跟自殺者建立信任及對話的關係，以減少對方的羞恥感及對批評的恐懼。對自殺者經歷準確及感同身受的理解，有助對方透露心事，也使牧者可以介入。

開展介入的計劃

任何時候有人向牧者透露自殺念頭或意圖，牧者都需要以某些介入形式應付。在一些情況裏，介入的形式可能是簡單的，如謹慎地與對方作跟進的傾談，釐清對方的自殺機率不高。介入也可能是複雜的，如要即時動員對方的家人、警察及緊急的醫療服務，阻止一觸即發及採用暴力方法的自殺事件。按管理自殺機率的三個層次去組織介入方法，是個可取的做法。

低自殺機率的介入方法

當評估顯示對方沒有患上嚴重抑鬱症的迹象，具備很少增加自殺機率的因素，自殺念頭偶爾出現，而沒有自殺計劃的時候，牧者可以進行低自殺機率的介入方法。下面的事例説明評估的程序，以及低自殺機率的介入計劃。

詹美斯

詹美斯（James），男，五十七歲，與卡路爾（Carol）結婚十八年。之前兩人各自都結過婚，共有四個孩子，然後他們生了一個孩子。五個孩子裏，其中兩個正讀大學。詹美斯經常表示感到快慰，因為所有孩子都將具有大專學歷的優勢。二十年來，詹美斯都在一間小型鋼鐵製造公司擔任組長。他享受工作，認為自己是個十分可靠及有價值的雇員。他太太在公立學校系統裏任職祕書。他們一直是所屬的小型教會的重要信徒領袖。詹美斯曾是幾任執事會的主席。

布朗（Brown）牧師會見詹美斯，商討教會籌款節目的詳情。詹美斯在談話裏透露，自己的將來並不明朗。他任職的公司已售予一個國際大財團，他的職位變得多餘而被删減。新雇主沒有遣散賠償，只給他一個月的通知期。詹美斯尋找新工作兩個月之後，斷言自己的資格及年齡不符合現今勞工市場的需要。他感到無助。他只取得微薄的退休金。更甚者，他以退休金及抵押了住所貸款，支付孩子的大學學費。他為到怎樣繼續支持孩子讀大學，及承擔財務負債而操心。他笑言生不如死。他買了可靠的人壽保險。如果他不在，家人就可以得到財政上的幫助。

布朗牧師與詹美斯會面後，為詹美斯笑言自己生不如死的戲謔而憂慮。雖然他不熟悉詹美斯，但是看出詹美斯似乎一直強顏歡笑。最近，詹美斯不尋常地缺席了一些教會會議，後來他説是因為感到不適。第二天，布朗牧師打算探訪詹美斯。他為這牧養性談話作預備，要藉以評估詹美斯患抑鬱症的可能、增加自殺機率的因素及自殺觀念的構成狀況。

在談話開始的幾分鐘裏，布朗牧師與詹美斯討論最近在家庭及教會裏發生的事情，以建立彼此關係上的連繫。因這種連繫，布朗牧師可以表達意見説：

「詹美斯，昨日我都在聽你説失業以來的艱難，情況好像變得嚴重。」

詹美斯説：「情況一直很艱難。我不能相信發生這樣的事。一個星期過後，我才感到這事是真的。於是我想：『不要緊，我以前也找過工作。』麻煩的是，我上一次找工作時是三十歲。我知道兩個月並不是一段長時間，但卻已好像永恆一樣久。我沒有收入，孩子在讀大學，申請的工作一份也沒有回音。過了一段時間，我致電給那些公司的人事部，但是回覆都是一樣的。現時沒有工作。我沒有受過高科技工作的訓練。要做初級的職位，我的資歷又遠超過所要求的。一次又一次聽到這樣的回覆，的確令人難受。」

牧師：「聽起來，似乎所有重擔都壓著你。」

詹美斯：「對，是的。」

牧師：「詹美斯，關於這一切狀況怎樣影響你，我可以問你一些挺直接的問題嗎？」

詹美斯：「好的，只要你不說我瘋了，或問我要錢就可以了。」

（抑鬱症的評估）

牧師：「好高興你在這狀況裏面保持幽默。（稍停）幽默是好的，但昨天我覺得你有點低落和悲傷。」（問題一，抑鬱症的評估）

詹美斯：「是的，想到這一切，我就感到不開心，不想做任何事。」

（按回應帶入問題二，抑鬱症的評估）

牧師：「如用一至五來劃分，一是總是感到低落悲傷，五是從不低落悲傷，你認為自己過去兩個星期的情況是怎樣？」

詹美斯：「我想，我現在應該是三吧。我並不是任何時候都想著這事，但是，我想起的時候，就會挺低落。」

牧者：「你剛才說，你提不起勁去做事。過去兩個星期裏，你有多少時候是這樣的？」（問題三，抑鬱症的評估。）

詹美斯：「不是任何時候都是這樣的。有些日子，我起牀後感到真帶勁。但面對著這面泥磚牆，就甚麼也做不來了。我估計，可能是三分一時間我只是感到很累，對甚麼事情都沒勁兒。那些時候，我就覺得『幹嗎找麻煩？反正沒有需要我的地方。』」

（帶入問題四，抑鬱症的評估。）

牧師：「所以用一至五來劃分，你會說這情況是……」

詹美斯：「二，我想是。」

布朗牧師繼續在談話裏提問，引導詹美斯回應評估抑鬱症的十個問題。

布朗牧師按照辨別抑鬱症的協定標準觀察詹美斯，結果顯示：

1. 悲傷及情緒低落（3）
2. 對日常活動失去興趣（2）
3. 缺乏能量或力量（2）
4. 失去自信（3）
5. 罪疚感或良心受責（1）
6. 覺得生存沒有價值（2）
7. 難以專注於正常活動（3）
8. 不安或抑壓的感覺（2）
9. 晚上難以入睡（3）
10. 食慾減少或增加（1）

根據這些數據，布朗牧師總結說，詹美斯的抑鬱症病癥並未明顯至要即時介入。然而，詹美斯明顯地經歷著意志消沉的時間。失業顯然令他有點悲傷，有些害怕。他表示，自己的情況一直使他在半夜睡醒，用一半的睡眠時間思索。但他卻不認為這是個問題。以往他也曾常在有「事情煩擾」他的時候睡不著。這次，詹美斯沒有慣性失眠，其思考或活動的能力沒減低。

布朗牧師根據對詹美斯的認識，再提出一些重點問題，就可以評估他的自殺機率。牧師知道，詹美斯屬於中年或以上的男性組別，是最多完成自殺個案的。他也屬於另一個自殺機率增加的組別——最近失業，社會經濟地位不穩。雖然他承受著壓力，情緒大變，但是看來他能以現有的支持系統及慣用的應付方式處理。他沒有表示感到失控。再者，他已婚，身體健康，社會系統（social systems）也完好無缺。布朗牧師需要對詹美斯的表現敏感，才能評估其絕望感覺。當詹美斯說有時感到生存沒有價值時，布朗牧師花了幾分鐘跟他談及他希望及絕望的感覺。在刻下的景況裏，詹美斯感到有點無助的時候，他仍肯定希望在明天，對接受培訓去找新工作抱希望。他視自己與神、家人及教會的關係，是他對將來的信心的核心。詹美斯自己衡量，他沒有失去一切。他看到自己未曾探索的可能性，雖然他還不肯定自己有能力這樣做。

布朗牧師也謹慎地提到飲酒的問題。詹美斯表示，他沒有改變飲酒的習慣，每個月都會跟朋友飲一兩次啤酒。他不曾有酗酒的問題。布朗牧師沒有聽過詹美斯的精神曾經出問題，他提問，詹美斯就表示他從來沒有接受過抑鬱症或其他情緒問題的治療。

由於布朗牧師聽過詹美斯具體地提及他死去的益處，所以必須具體地以有關自殺的問題跟進他的情況。

牧師：「詹美斯，你昨天說，生不如死。今天，你說有時候覺得沒有生存的價值。你有沒有想過要傷害自己呢？」

詹美斯：「這念頭曾經在我腦裏閃過一兩次。了斷自己的生命，太太及小朋友都會得到所需的錢。但是，我知道那是個瘋狂的想法。」

牧師：「你多久會想一次這事呢？」

詹美斯：「真的，這個念頭只是在瞬間出現過一兩次。我知道那不是問題的解答。我想活下去。我不想死去，我想見到孫兒女。」（這回應澄清了自殺的念頭都是短暫的，並未成型。回應裏也表達了他的盼望。）

牧師：「你有沒有想過要怎樣結束自己的生命呢？」

詹美斯：「沒有，一點也沒有。我只是想過需要用某些方法，悄悄地做，這樣人壽保險才不會報銷。我已說過，我想活下去。我認為自己真的相信，我們總有辦法脫離這困局。」

布朗牧師聽到這些回應後，可以總結說詹美斯曾經有傷害自己的短暫念頭，卻沒有定下計劃或時間表。他的思路正常，表現恰當。他不像衝動的人。對於怎樣自殺，他沒有清楚的想法，也沒有提及要使用暴力，或必定致命方法結束生命。他自殺的意圖不大，甚至沒有這意圖。因此，布朗牧師可靈活地回應詹美斯。

對於低自殺機率的個案，有各種關顧計劃可用。轉介給牧養輔導員或其他心理健康方面的專業人員，或許是恰當的做法，但可能並非必要。不少牧區信徒認為，不用正式的治療協助，他們可以處理好自己的悲傷情緒，這或許是正確的。良好的牧養關顧，是會幫助牧區信徒評估治療的益處及責任。而不論是否把信徒轉介予治療師，在牧區內對他們提供的牧養關顧仍然繼續。

關顧如同詹美斯一樣低自殺機率的人的計劃，包括幾個基本的元素。第一，牧者及牧區信徒必須協訂「不自殺」合同。這合同可以是口頭的協議，以激烈用語的盟約形式表達；目的是要牧區信徒往後都向牧者負責：（「在我們的關係裏，我需為我們訂個協議。我關心你的生死，為你的自殺念頭感到憂心。我需要與你訂立確實的協議，保證你未與我當面傾談之前，不會傷害自己。我也需要你承諾，如果你開始感到自己一心想結束生命，你跟我聯絡，與我傾談。我也需要你承諾，如果你未能親身聯絡我，以及控制不了你的感覺，你會立即到醫院急症室求助。」）在關顧自殺念頭出現的人的任何計劃裏，這盟約都是不可或缺的。這盟約是最重要的，必須定期重申。可能有自殺危機的日子，牧者可能要每天或每星期向對方重提這盟約。對自殺機率較低的人來說，需要重申盟約的頻率也較低。提問簡單的問題，如「你今天／這星期怎樣處理各事情？」或「我們的協議，你做的情況怎樣呢？」，可以把談話集中在合同之上。

不自殺合同可以為情緒低落的人，減輕一點要作即時決策的壓力。這合同設下一個中間狀態，能夠減低動手自殺的可能。這合同也讓人知道，最少有一個重要的人關心自己，為了保存他的生命，這人甚至會更改日常的慣例。對於可能衝動地行動的人來說，要向牧者交代，尤其是向一直以來都了解他感受的牧者，可能只稍稍讓他控制自己，三思是否進行致命的行動。如果牧區信徒不願意訂立這協議，牧者必須馬上把他轉介予合資格的心理健康方面的專業人員，或安排他入院。

第二，完善的關顧計劃將會包括一連串定期跟進談話，由牧者向對方提出：「我希望我們能每個星期見一次面，好讓我們了解你怎樣處理這段充滿壓力的時間。每次我可能都會詢問你，你的抑鬱感覺以及傷害自己的念頭。」這些會面可以是個重申不自殺合同的時間，也是純粹互相「報到」的機會，也可以是為困難的時間添上信仰意義的機會。例如，談話裏或許包括為工作多年後遭遺棄和拒絕的意思，或為感到前景不明朗的意思，而提出仔細的神學「疑問」和禱告。布朗牧師和詹美斯可能一起探討禱告似乎不蒙應允的意思，或具體討論讓詹美斯得著信仰資源應付他處境的屬靈操練。在這些談話裏，布朗牧師不打算提供簡易的神學解答，或「心靈雞湯式」的屬靈陳腔濫調。非抑鬱症患者以為會帶來的盼望，其實這些「簡易的解答」極少帶來。這些解答通常使不能變「戲法」的抑鬱者走遠。然而，布朗牧師想強調的，是詹美斯不感到被遺棄、拒絕或悲傷的時刻。他會在談話裏留意，詹美斯何時自發地表示有盼望，注視這盼望怎樣突然「出現」，並與詹美斯一同思想怎樣可以經常感到有盼望。

第三，布朗牧師要幫助詹美斯在他感到乏力和羞恥的時候，與會眾維持互相支持的關係。同時，他們可以細查他怎樣參與會眾的生活，並決定甚麼最能令他有生氣。

第四，牧者把詹美斯的親朋包括在介入的計劃之內，將鞏固他的支援網絡。同時，布朗牧師與詹美斯可以一起討論，詹美斯的太太及好友可以怎樣及於甚麼時候「現身加入」，認識他內心的經歷。這可能包括直接地觸及詹美斯因為失業及找工作不順利的羞恥。

最後，布朗牧師會想與牧養輔導員保持諮詢關係，討論詹美斯這個案的重要事情及進展。

高自殺機率的介入方法

必須向在評估裏顯示抑鬱症嚴重，增加自殺機率的因素很多，並致命可能性大的高自殺機率者，提供介入方法。以下的個案説明高自殺機率情況下的牧養性行動。

朱莉

朱莉（Julie）現年二十歲，未婚，大學生，在餐廳做兼差。她的祖母叫卡盧連（Caroline）。朱莉來到卡盧連的家門前，「情緒糟透了」，卡盧連就打電話給安黛生（Anderson）牧師。朱莉情緒激動，使卡盧連感到害怕。當朱莉說希望自己死去的時候，卡盧連更為警覺。她也害怕，因為朱莉在十七歲的時候，曾經因企圖自殺入院。這件事家人從不提及。安黛生牧師更改行程，當晚與朱莉會面。談話間，朱莉悲傷地流淚。她說，感到自己的生命一無是處。她受到虐待，一段六個月長的戀情因而告終。她找不到居住的地方，也不期望找到愛她的人。

朱莉形容，從少年時期開始，她的生命就「走下坡」。高中時代，她酗酒成性，亂服毒品，與人發生性行為。從青年時期的末期起，朱莉有過幾段激情的關係，最後全部都因為被對方虐待而結束。安黛生牧師保證不會告訴朱莉的祖母之後，朱莉就透露最近兩段關係是與女同性戀者發生的。她表示自己的體重一直減輕，又承認持續用刀劃手臂——她升上高中以後沒有這樣做過。

安黛生牧師在談話裏完成辨別抑鬱症的過程，發現朱莉在十個抑鬱症病癥中，全時間或大部分時間裏，都呈現其中八個。進行自殺機率評估後，安黛生牧師對朱莉更為關注。朱莉表示她感到十分絕望，服用過毒品及酗酒（她說過去兩週曾大量喝酒），放棄家庭及社會的支持，情緒十分激動，曾接受精神科治療（她記不起接受過的診斷），以及曾經企圖自殺。安黛生牧師也知道，青少年及青年的自殺率激增；而在朱莉的大學校園裏，最近有三個青年完成自殺。在社區裏，當有一個或以上的人自殺身亡，自殺風氣常會「傳播」開去，影響自殺個案發生。這些因素都增加了朱莉的機率。

致命可能性的評估顯示，朱莉認真地考慮結束自己生命已經好幾個星期了。她收集了一些醫生處方的藥物，了解過其致命性，又放在隨身的錢包裏。她打算盡情地喝酒直至半醉然後在家裏服藥。她在前一晚著手進行計劃，就在快要喝醉的時候，她疏遠了的伴侶突然回來。朱莉變得激動，跑離了住處，到祖母那裏睡覺。她表示，打算一返到家裏就自殺。她不能再面對每天生活裏的掙扎了。

朱莉顯示出抑鬱症的病癥、絕望感及一些顯著增加自殺機率的因素。最重要的是，她有個具體及「可行」的計劃，落實計劃的方法及明確（和即時）的時間表。激動的情緒、抑鬱症、衝動、睡眠不足、酒精都損害其理智及判斷能力。對於這個案，需要即時採取行動。安黛生牧師的首個目標是確保朱莉安全，及動用社區的資源關顧她。這個情況跟詹美斯的不同，對於朱莉，安黛生牧師的選擇是有限的。

- 可能的話，安黛生牧師必須與朱莉建立連繫，讓朱莉明白牧師了解她的感受；牧師也須協助她確保自己安全。這包括讓她說出其痛苦所在，及確認其悲傷的深度。如果安黛生牧師在感情上與深度絕望的朱莉聯繫起來，或者在介入的時候，可以避免與朱莉進行一場不能勝出的意志之戰。這個關聯讓安黛生牧師可以澄清朱莉的自殺意圖，概括所需的行動。「朱莉，你明顯打算自殺。你和我需要為此做點事。我想確保今日不會發生這件事。你認為，在你能考慮全部選擇之前，我們可以找到方法一直保護你安全嗎？」這個回應讓朱莉可以決定自己的安全，和得到一點盼望。同時，把她的選擇限於「今天」，她就不會因為要永遠放棄優先選擇而感到被困。

- 如果朱莉願意一起保護自己，安黛生牧師可以提議她放棄所選的死亡方法。因為朱莉把藥丸放在錢包裏，牧師可以提議為她保管。自殺者一般強烈地執著於其死亡的方法。朱莉或會要求安黛生牧師保證不銷毀藥丸。
- 安黛生牧師接著要動用資源。首先，她會問准朱莉，邀請其祖母或其他與朱莉感情要好的人加入談話。「朱莉，這是困難的情況。我認為重要的，是你的確要有個你信任的人陪伴你。我們可以邀請你祖母加入嗎？我認為，在一些我們為確保你安全而作的決策上，她可以幫得上忙。」讓重要的人加入朱莉的決策過程裏，可以使她感到他人的支持，同意接受即時的醫療護理。如果她不接受介入，這些人可以幫助安排非自願性關顧。
- 在這時，牧養性談話會肯定朱莉內心的悲傷，她面對著即時的危機，及指出醫療介入是她惟一可行的選擇。除非安黛生牧師找到精神科醫生諮詢，否則她與其他支援的家人就要把朱莉帶到當地醫院，幫助她辦理緊急入院手續。

特別考慮一。在處理自殺危機的時候，牧者切勿危及自己和他人的性命。朱莉的個案涉及非暴力的自殺方法。在任何情況下，牧者都不應嘗試拿取自殺者的槍械或其他武器。如果牧者懷疑企圖自殺的牧區信徒把武器藏在家裏，就應該在牧者辦公室或另一個安全的地方進行談話。遇到涉及武器的情況，牧者惟一負責任的行動就是報警。在這情況裏，牧者可能成為處理嚴重自殺危機的重要一員。

特別考慮二。協助朱莉入院可能是一件費時及令人困惱的事。安黛生牧師將會需要運用她對當地健康護理及緊急處理程序的知識。舉例，不致命的自殺企圖並沒進展（即把藥吞下去），當地急症室會為她作評估或讓她入院嗎？如果朱莉沒有購買健康保險，最好在哪裏住院呢？在危機發生前，知道當地的程序，有助安黛生牧師在複雜的醫療處境裏倡導朱莉。

特別考慮三。如果朱莉本身並不願意，安黛生牧師或需要採取非自願入院的步驟。這或許是報警或聯絡緊急醫療服務隊（Emergency Medical Services），要視乎當地的政策如何。重要的是，牧者要知道甚麼組織（警方、緊急醫療服務隊）可以開展此行動。牧者與能夠安排非自願入院的心理學家或社工，若保持諮詢關係，是有好處的，可以消除由緊急醫療服務隊或警方安排入院造成的恥辱。

特別考慮四。朱莉或會不接受緊急服務。在這個情況裏，安黛生牧師必須倚重家庭及會眾資源。她必須募集家人及朋友，以確保朱莉不感到孤單，以及接觸不到尋死的方法。安黛生牧師需要在二十四小時內，安排朱莉接受精神科或心理診察。這做法通常需要家人、朋友及專業人士刻意、持續和堅定地一同支持。

安排入院及提供專業轉介之後，安黛生牧師的責任並未完成。朱莉將會需要之後的牧養關顧，跟之前詹美斯的個案相似。在朱莉的個案裏，安黛生牧師得到朱莉的批准，才去時常詢問朱莉的治療師，以便安排關顧；這是恰當及不可或缺的。因朱莉的治療師加入，安黛生牧師將會更有效地動用必需的會眾資源，並回應朱莉的經歷裏所帶出的宗教及屬靈問題。

介入的連續體

詹美斯及朱莉的個案闡明了連續體（continuum）的兩個極端。在大多數個案裏，評估顯示出中間程度的自殺機率，需要兩種程度的回應。第一，確定牧養性同在（pastoral presence）是介入的行為。這需要牧者主動的投入，詢問具體的問題，説出明顯的現實情況，及與牧區信徒建立持續的、負責任的盟約。這個約必須以「不自殺」合同開始，包括定期談話的計劃、持續的屬靈關顧，及對自殺意圖謹慎又連續的評估。第二，中間程度的自殺機率個案，通常需要即時轉介至輔導及醫療評估。牧者與牧養輔導員或其他心理健康方面的專業人員在危機發生的前後，維持良好的合作關係，就可作最妥善的處理。牧區信徒清楚自己的牧者知道及信任治療師時，會更易接受轉介。牧者陪伴抑鬱者，為他聯絡治療師，這傳達了幾個有力的信息：確定了牧者與治療師已建立的關係，以及牧者為著牧區信徒，決心投身即時及主動的介入之中。這樣也象徵了要彼此負責，提示了治療師牧者將會參與持續關顧牧區信徒。這一切都是重要的。

轉介是關顧的重要部分，卻不是關顧的全部。對抑鬱及會自殺的人來說，在治療以外發生的事情可以帶來深遠的影響。牧養關顧並不只是心理治療或醫學療程的旁支。牧者是首先的關顧者，把信徒轉介給會眾關顧。牧區信徒是在社羣及會眾裏生活的，不是在治療師或醫生的辦公室裏生活。牧者身處這個位置，表示他有責任與牧區信徒及治療師保持交流。牧者必須定期與轉介的心理健康方面的專業人員跟進情況，這包括在自殺者的牧養關顧計劃之內。通常這是指牧者在得到牧區信徒適切的同意之後，進行專業之間的合作。這種交流可以讓牧者持續地留意信徒的進度，及可以知悉會眾對信徒的關懷。對於不少投入於持續關顧轉介者的治療師及專業同儕來說，牧者是轉介個案的重要來源。得到受助者適當的准許，稱職的治療師大都歡迎牧者參與病人的個案。拒絕交流的治療師，可能並不適合牧者轉介。

關於存檔

雖然牧者一般不會為所關顧的牧區信徒開個案存檔，但是當涉及自殺，做筆記記錄就很重要。牧區牧者在專業上有責任存檔，也需要這樣做，記錄他們為了保障受關顧者而採取了恰當的步驟。這些記錄並不需要巨細無遺，但應該包括：（1）引起牧者關注的原因，可以的話，引述牧區信徒的說話；（2）評估問題的步驟，如分辨抑鬱症及致命可能性評估的摘要；（3）所採取的介入行動的摘要，包括任何轉介。每次都應該在筆記上記錄日期。正如所有關顧方面的文件一樣，這些筆記是機密的，必須安全地存放在上鎖的抽屜或文件檔案櫃裏面。

總結：指引及決策樹狀圖

應付考慮及企圖自殺的牧區信徒，可以是件複雜及費時的事。以下是一些有用的指引：

- 在危機發生前，花費時間認識社羣裏的資源；
- 牧者應該準備花時間密集、全神貫注地處理自殺危機；
- 時刻認真地留意抑鬱症的癥狀、絕望感及任何提及死亡的話；
- 常常詢問涉及自殺的念頭。記著——詢問涉及自殺的問題不會促使人自殺；
- 與牧養輔導員及其他可以在自殺危機裏與你商討的專業人士，建立及維持關係；
- 在任何情況下，均不要嘗試與能夠獲取武器，或可能有暴力行為的自殺者交涉；
- 不論自殺機率高或低，假設每次自殺危機裏所涉及的人，都需要持續的牧養關顧；
- 借助決策樹狀圖（圖一）做牧養上的決定。

決策樹狀圖．圖一

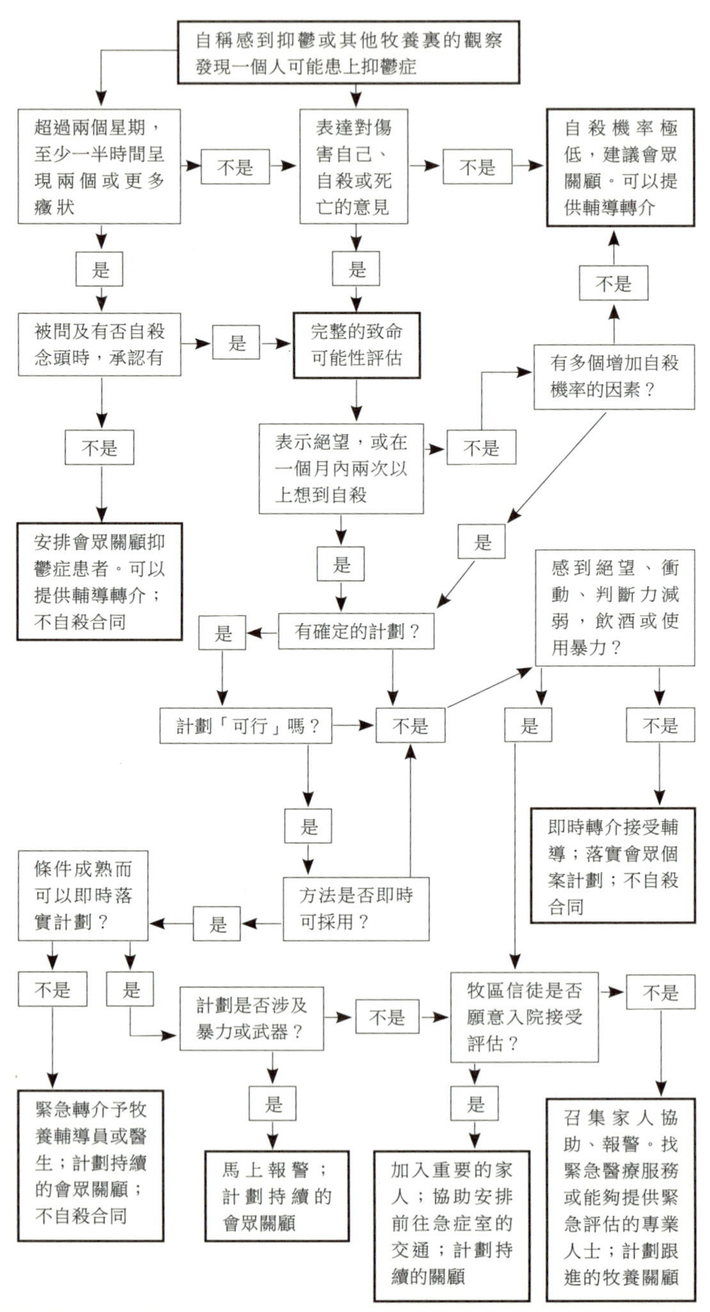
自稱感到抑鬱或其他牧養裏的觀察發現一個人可能患上抑鬱症
超過兩個星期，至少一半時間呈現兩個或更多癥狀
不是
表達對傷害自己、自殺或死亡的意見
不是
自殺機率極低，建議會眾關顧。可以提供輔導轉介
是
是
不是
被問及有否自殺念頭時，承認有
是
完整的致命可能性評估
有多個增加自殺機率的因素？
不是
表示絕望，或在一個月內兩次以上想到自殺
不是
是
安排會眾關顧抑鬱症患者。可以提供輔導轉介；不自殺合同
是
感到絕望、衝動、判斷力減弱，飲酒或使用暴力？
是
有確定的計劃？
計劃「可行」嗎？
不是
是
不是
是
即時轉介接受輔導；落實會眾個案計劃；不自殺合同
條件成熟而可以即時落實計劃？
是
方法是否即時可採用？
不是
是
計劃是否涉及暴力或武器？
不是
牧區信徒是否願意入院接受評估？
不是
是
是
緊急轉介予牧養輔導員或醫生；計劃持續的會眾關顧；不自殺合同
馬上報警；計劃持續的會眾關顧
加入重要的家人；協助安排前往急症室的交通；計劃持續的關顧
召集家人協助、報警。找緊急醫療服務或能夠提供緊急評估的專業人士；計劃跟進的牧養關顧

2

企圖自殺、關顧及康復

在結束了自己生命的人裏面，大約七成是第一次這樣做的。幾乎全部白人男性（九成）都在第一次嘗試時死亡。與此同時，沒有死去的企圖自殺者遠比自殺身亡者多，比率最少為十比一，可能高至二十五比一。[1] 企圖自殺與完成自殺的關係令人莫衷一是。從另一個角度看，三成完成自殺者之前曾經企圖自殺最少一次。可是，仔細審視數據後發現，只有百分之十到十五沒有成功的企圖自殺者，在日後自殺身亡。這樣看來，牧者所面對的很有可能是企圖自殺的個案，而不是完成自殺的個案。

當事人沒有死去的企圖自殺個案是複雜的。一些企圖自殺個案看來比其他的嚴重。自殺的動機可能並不明確——當事人是否要尋死，還是以此為某個求助的方式？表面看來是意外的事件、誤用藥物及酗酒，或是非常危險的行為，要到甚麼程度才算是有自殺的企圖呢？自殺專家一致同意，一個人故意地讓自己受傷卻沒有死亡，就是有自殺的企圖。[2] 此定義包括對死亡這回事可能感到矛盾的人，紓緩要分辨「真正自殺的」及可能作出「自殺舉動」的人的壓力。我們難以明確地分辨兩者，並且這個分別可能對治療及康復起不了多大的作用。在兩個情況裏的任何一個，相比一般人，曾經企圖自殺的人在一生裏完成自殺的機率都較大。或許，此數據最重要是顯示出，尚在生者可接受介入的工作，而在大多數個案裏，這些介入都有效用。

會眾關顧是介入的重要部分。牧者要提供優質的關顧，必須熟悉企圖自殺的普遍動態（common dynamics），並且對組織關顧行動有概念。在這一章裏，我將要：

- 說明在一個人企圖結束自己生命後，當事人、其家庭和羣體一般呈現的動態。這些例子並不涵蓋所有情況，也不是典型的情況。只是用來說明小心仔細地觀察企圖自殺處境的牧養過程。牧者掌握企圖自殺個案的所有可能性、或然率或心理學上的意思，其實比得著資料、有方法去建構回應方式的重要性較低。
- 提出一個牧者反省及介入模式的建議，有助以救贖的方式（redemptive ways）重整個人及羣體裏對傷害自己的事件敍述。

關顧的基礎

自殺不遂者所面對的世界要求他就其似乎總是不合理的行為，提供合理的原因及清晰的解釋。自殺這回事，很少可以透過慣用的言辭來了解。可是，朋友及家人卻想得到從容易理解答案而來的安全感。不幸地，多數企圖自殺者的行動原因都是不明確及含糊的。如此極端的行動一般反映深層的、不容易解釋或紓解的痛苦。

如果解釋好像非自殺者所認為的那樣簡單，他們可能選擇傷害自己以外的方法了。尚在生者被問及「為甚麼？」的時候，可能不會回答，因為認為他們的動機可能給誤解，或者他們也不清楚自己的動機。在不少情況下，醫學或心理治療專業人士會指認動機，以填補這個空隙。值得注意的是，企圖自殺卻生存下來的人很少認同專業決定的動機描述。[3]如何詮釋自殺企圖的張力，可以使尚在生者與所愛的人不和，影響重要的社交關係。

很多時候，曾經嘗試結束生命的人在與牧者會面之前，一組複雜的意義及互動情況已重組了他的社交關係。醫生診斷了；已經以精神科及心理學的方法評估自殺動機；其家人及朋友則已受指導，按專業意見及建議行事。尚在生者控制不了別人怎樣理解其經歷，或怎樣再掌握其生命。他們常表達類似以下的感受：

> 我不再是一個女兒、或母親、或朋友了。我是個「有機會自殺的」，一種非人類的新階級。大家都不是陪伴我，而是在監視我。他們要的答案，我並沒有，因此他們把我從前的感受及我這樣做的原因告訴我。我獲告知，我企圖自殺是場權力遊戲，為要在婚姻裏得到注意和控操權。彷彿生命和死亡都如生意交易一般。我也獲告知，我第一次自殺時出錯，其實並非真的想尋死。不要誤會我的意思。今天雖然我慶幸之前沒有想清楚，沒有確保其中不出錯，但我之前實在真的是想死。我正在尋找生存的意義，但是，當你成為了「有機會自殺的」時，說甚麼也沒有用了。

在幫助曾企圖自殺者與生命重新聯繫裏，牧者身處獨特的位置。良好的牧養關顧並非靠揭發真正的動機，或接受對關係間權力動態的特定分析。反之，關顧關乎使人性得以復原及修補關係。曾經企圖自殺者必須以自己為正統的人類，設法回到神的桌前。他們必須穿越猜疑、反控、自我懷疑、尷尬，有時是自我憎恨的迷霧，找到基督的邀請。個人及家庭的治療是有幫助的，但是不能代替復和的事工，因為這事工是在會眾的關顧裏實踐出來。

牧養關顧：以故事連繫的方法

人類以敍事組織生命及經驗。我們生活在多重層次的深印故事的大雜燴裏面，這些故事界定我們特有的社會位置，以及我們的一套意義。我們的身分安放在記憶裏面。記憶主要是透過共享的社會性敍事，內化以往及現在的經驗所帶來情感意義而構成的。我們之所以是這樣，主要因在與別人的關係裏所構成的故事。透過我們個人的一套故事如何與主流文化裏的社會、政治和宗教的敍事配合，我們知道在這世界裏自己有甚麼地方是配合的。這些敍事為「正常」下定義，告訴我們哪種思想、行動和關係是可以接受或不可以接受的。例如，如果我們的經歷、行為、膚色、宗教的表達、及性取向，讓我們得以融入規範性的文化敍事裏，我們就感到獲接納。我們可以獲得主流文化故事的力量所給予的特權；我們參與決策及能稍為控制未來。在美國，這主流敍事可局部地形容為：白人、中產階層、政治上保守或是主導的自由主義、異性戀、有美滿婚姻或選擇單身的、頗為虔誠、受雇而收入穩定、身心健康而足以應付日常生活的「正常」事務的。但是，當不同之處出現，我們的故事不再配合時，我們就會被邊緣化，落在主流敍事所提供的好處以外。不少人長大的時候，因為膚色、性取向或殘疾被邊緣化。有些人的故事被人及事情戲劇性地重新詮釋或演繹的時候，就變成在主流敍事以外。被邊緣化的人及家庭為了生存，往往粗暴地「扭曲」自己的經歷，去迎合主流、規範性文化敍事的期望。好像埃利森（Ralph Ellison）的隱形人或卡夫卡（Franz Kafka）的囚犯一樣，當生存是要讓社會上有特權的故事埋沒自己的故事時，人性遭犧牲，就成了不同形式的瘋癲。

在一個人嘗試了結自己生命的時候，這些與牧養關顧有甚麼關係呢？第一，企圖自殺一般標誌一個事實：重要的個人或羣體故事已經被埋沒，需要得到釋放性的關顧。[4] 例如，受到性虐待的青年人嘗試將她的故事，埋藏在家庭裏沒有虐待事件的羣體期望之下，可能變成會自殺。第二，企圖自殺——尤其是第一次——會戲劇性地改變個人及羣體的意義，將故事徹底改變，呈現出不同之處，使個人及其家庭落在主流文化敍事之外。一名少女過度服藥後倖存下來，將之描述為「恥辱」。之前，她一直是升讀頂級學府的「人材」，直至回到學校後，身邊的人都知道她曾經企圖自殺。任何企圖自殺者，都不再得到社會上的公平對待；其家庭不再符合別人的期望。自殺不遂者是被標籤為「有機會自殺的」、「耍手段」或「精神有問題」。外人不認識這個經歷及不知道怎樣回應，只會轉向以主導的文化規範理解此奇特的經歷。

一個牧區信徒企圖自殺後，牧者就要面對本身的故事不再合理的個人及家庭。他們通常受困於祕密、混亂、羞恥的雲霧裏。牧者處於獨特的位置，聆聽這些由一個人結束生命的決定而來的痛苦及使人迷失的故事。這些故事都是複雜的，滿載關於自殺者與自己、家庭、教會、羣體和神的關係的細微差別。故此，牧者必須是個優秀的故事聆聽者。要開始關顧，必須先敏感於自殺尚在生者的故事怎樣與主流的文化及宗教敍事交接（或交接不到）。轉化，是所有釋放性關顧的期望，靠賴好好地聆聽，幫助他們找出，相比自殺，對自己經歷更好的看法。進行這種聆聽需要實質及心理上安全的空間，讓深具意義的生死故事浮現。實質上這空間必須確保談話內容不會洩漏，並且是邀請對方透露自己的故事。談話應該在舒適的辦公室或家居進行，並且確保不會被打擾。

心理空間需要由牧養的聆聽者預備。良好的聆聽包括從容面對「損失的」時間，即可以用於其他要較先完成的牧養工作的時間。它指釋放個人的沉思細想，全心地傾聽滿載焦慮及可能被人拒絕的故事。創造心理空間也可以指，牧者放低既有的判斷，就是包括在描述家庭經歷的專業性敍事裏面的。在定義上，這些敍事是具特權的。這些敍事有能力埋沒個人及家庭的重要故事。放低既有的判斷並不是說這些詮釋與事情無關，可以不理。其實，這些敍事常包括重要的資料，有助保護有自殺可能的人或促進轉化。然而，必不可使個人、家庭或宗教上的自我認知顯得不重要。釋放性關顧從甚麼都「不知道」的狀況開始，不受主流專業敍事而生的確定性影響，去聆聽個人及家庭的故事。企圖自殺的故事本身可以是合理的，把我們帶進「他者」的真實經驗裏面。在故事之中，牧養上的聆聽者享有特權與家庭一起發現神徹底包容的愛，或參與基督徒羣體的更新異象的重新詮釋。

實踐——釋放性方法的行動與反思特色之間的往返動作——就是要以新的耳朵聆聽故事，用受害者的角度觀看實質及特定的事件。羅伯特·布朗（Robert McAfee Brown）[5]勾勒出有效實踐的五點：

- 實踐要避免抽象。實踐關乎日常生活裏的真實人物的特定情況。
- 這些特定情況的行動－反思過程，往往關乎現況的轉化。真相是已經完成而不是有待發現的東西。
- 實踐不在於為人提供解決方法，而在於給予受壓迫者改變自己情況的力量。
- 實踐不是一個人進行的計劃，而是個羣體活動，參與者都進行有目的的行動－反思循環。
- 實踐不是正統信仰的工具，而是永未完成的建構性神學的方法，常常可以用行動裏所發現的真相來修正。

在實踐之中所聆聽的，是特定自殺故事中的人的痛苦；這些故事是不受規範性的社會習慣，或專家詮釋審查所制約的。在實踐裏，沒有好像「功能失調的家庭」或「企圖自殺者」等專業的概括性用語。取而代之，實踐涉及人的感受、行為和信念的具體細節。實踐裏也拒絕把一種特定的行為——企圖自殺——分類為某種奇特的、超越信仰羣體裏的宗教關顧所及的東西，而是從信仰羣體裏面，檢驗出其中會產生痛苦和使痛苦持續的社交或實質生命的元素的方法。實踐不是一個療法，改變受苦的自殺者，使他們更適應自身的處境。它是個轉化的模式，旨在改變那些受苦的人及他們所身處的社交處境。互相轉化可發生：

- 當信仰羣體仔細地聆聽並邀請當事人將埋藏的故事帶進他們的生命裏面；
- 當受苦的人回應邀請；
- 當羣體為受苦的人提供資源，進行行動－反思和使他們得力。

牧養關顧的實踐開始時，先是回應一個人或家庭，然後快速地進展至參與信仰羣體之中。牧者仔細地聆聽企圖自殺者的故事，情感上會受到動搖。如果我們專心地聆聽，會感到不安。我們或會發現，自己宗教及道德傳統裏所確定的，不足以讓我們面對這個新情況。這促使我們與基督教羣體及自己的神學資源進行建構性的神學談話，從而完全地與受助者結伴同行。核心問題如：「我吃了那麼多苦，打算自殺的時候，神在哪裏呢？」或「當我似乎找不到生存的理由時，怎可以活下去呢？」或「我曾經企圖自殺，破壞了一些關係，我怎樣修補這些關係呢？」牧者及信仰羣體都完全地分擔。釋放性實踐沒有依循主流的敍事，提供簡易的解答，而是引領信仰羣體進入富創意及反思性的過程，為需要關顧的人加添力量，去尋找轉化的解答。所有參與者都在這個過程裏被轉化。「詮釋循環」（“Hermeneutical circulation”）——釋放性實踐的基本動作——描述轉化故事的反思怎樣可以在基督徒羣體裏發生。[6]（圖二）

圖二

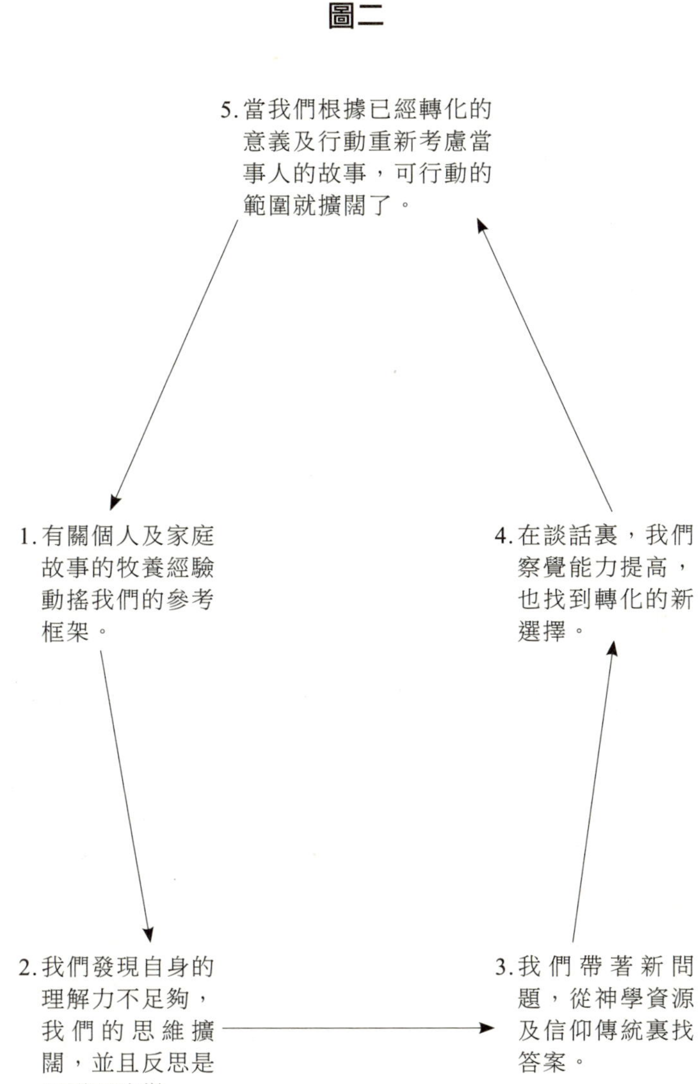

下面的案例將會說明，靈活的釋放性實踐在詮釋循環裏，可以怎樣指引牧養關顧及轉化。

艾琳

艾琳（Irene J.），二十五歲，是兩個小孩（兩歲的詹姆斯〔James〕及五歲的雷切爾〔Rachel〕）的母親。她與鮑勃（Bob）高中畢業後結婚，然後從童年的居所移居鄰近的城市。鮑勃在一間全國性的運送服務公司裏工作，而艾琳懷了第一胎，擱置了做旅行社職員的計劃。後來，鮑勃的工作愈加沉重，艾琳只好一直留在家裏照顧孩子。他們的財政從未好轉過，有嚴重健康問題的詹姆斯早產出生後，問題就更多了。詹姆斯出生後兩年，鮑勃每天加班工作，週末也要上班，以應付家庭的開支。在詹姆斯出生之前，他們定期上教會，有了一羣朋友。但是，他們的金錢或時間實在不多，不久就漸漸與人隔離了。因為工作及詹姆斯的健康，他們不大可以上教會或參與團體活動。

兩年裏，鮑勃經常不在及不大理會孩子，與艾琳的磨擦愈來愈大。一天早上，艾琳與鮑勃激烈地吵架後，駕車四十英里回到娘家。她著母親看管孩子後，就回家處理之前因照顧兩名孩子而無法處理的東西。艾琳回家後，喝下半瓶美國威士忌，吞下所有放在洗手間裏的處方藥物。她母親打電話給她，沒有人接聽，就找鮑勃。後來，急症室的醫生向鮑勃解釋，艾琳所服的藥物，即使與酒精混合，也不會致命。在接下來的幾天，她會因為藥物中毒而受到一些影響，但是不會留下永久的損害。精神科顧問醫生向鮑勃建議，為艾琳進行審慎的評估，但是懷疑她是否真的要自殺。他指出，艾琳知道鮑勃會在幾小時內回家，也知道當她沒有準時回去，母親會擔心。依據她的策劃做，就可以獲救。精神科醫生解釋，非致命的過度服藥多數與家庭糾紛或關係上的問題有關，尤其對年青女性。不少女性以「自殺姿態」引人注意，操縱親密關係，或懲罰對自己重要的人。艾琳的情況並不嚴重，不需要住院，否則家庭的經濟會百上加斤。取而代之，醫生建議艾琳接受門診治療，評估「重複行為」的可能，以處理令她自殺的性格問題，及介入與她企圖自殺有關的關係性問題。

艾琳除了願意向鮑勃及父母保證不再考慮傷害自己以外，就不願意提到所做的事，不想孩子受苦。鮑勃追問她為甚麼想自殺，她只說：「不過是壓力太大，有點受不住而已，現在好多了。」一個星期之後，鮑勃對於艾琳不願提自殺的事，感到氣憤，說她要以企圖自殺懲罰他，並不公平。鮑勃的胡言亂語激怒了艾琳。她並不打算懲罰任何人。她的生活太艱難了。她不能處理那份壓力，而當時對她來說，死亡似乎是最好的選擇。他怎麼會這樣自私，並以為這事全都與他有關呢？他時常不在，不大明白她在生活裏所面對的壓力。他確實永不會明白那次自殺失敗使她感到羞辱及厭惡自己。鮑勃感到無能為力，提出第二天大家一起與牧師傾談。艾琳雖然害怕承認曾經自殺，還是同意了。

吵架後第二天，他們在布蘭查特（Blanchard）牧師的辦公室與她會面。鮑勃解釋說，艾琳企圖自殺使他十分焦慮。他想找個可以幫助她康復，及確保她不會再次企圖傷害自己的輔導員。艾琳卻不想見輔導員。「要我見一個可以對我說我做錯，說我搗亂全家人生命的人，難道會有好處嗎？我知道！我被迫去令其他人感到好一點。我知道，那個醫生對你說，我企圖以『自殺姿態』操控每一個人。再花我們沒有的錢去聽這些話，有啥用呢？我夠內疚了。」布蘭查特牧師建議可以暫延約見輔導員。如果艾琳可以談談自己的故事，怎樣到了那個以為自殺是惟一的選擇的地步，或許有幫助。牧師邀請鮑勃一同聆聽艾琳的故事；期間也會詢問他的經歷。

艾琳花了四十分鐘，描述其生命怎樣變得愈來愈侷促，與人隔離。對於有這樣的感受，她感到強烈的內疚。她不能埋怨說自己仍未發展自己的事業。那不是誰的錯。她愛自己的孩子。她怎能對鮑勃和孩子抱怨呢？財政問題及詹姆斯的健康使情況惡化。鮑勃整天都在工作。她照顧長期患病的小孩，卻得不到多大的幫助，因而感到氣憤。布蘭查特牧師向艾琳提出一些澄清問題，探聽其感受，協助她說出滲透其生命達兩年之久的疏離感、痛楚和憤怒。她協助艾琳說出對神感到失望，因為神給她患重病的孩子，及說出從朋友開始避開她而來的被遺棄感覺。艾琳表達自己對於召命、婚姻和為人母親也失去盼望，感到難過。她沒有傾訴的對象。鮑勃工作後，總是很疲乏，而父母叫她「繼續等候，神不會試驗你過於你所能受的」。與此同時，她因為自己埋怨鮑勃常不在家，而感到不愉快及覺得自己自私。「我應該是可以為孩子及家庭而犧牲的。作為女人、媽媽和妻子，我都失敗。」布蘭查特牧師亦幫助艾琳表達對教會的失望；教會在詹姆斯出生時有回應，但是沒有跟進。她知道自己在「某些禱告名單上」。當她感到無助、絕望、無價值的時候，這似乎只帶來少許安慰。艾琳解釋說，這些東西只是不斷地累積起來，直到「我覺得我在消失。我不能多活一天。死亡或許是個不錯的解脫。我只求鮑勃、孩子和父母會明白」。

布蘭查特牧師聆聽艾琳的故事的實情後，感到難受。（詮釋循環的第一步。）艾琳與社會隔離，受到壓力、夢想破滅、女性形象破損，她不止是個企圖自殺，或是嘗試自殘以獲得別人注意的女性。從她所說的經驗可知，她的自殺行動關涉宗教及文化意義這些更大的層面。布蘭查特牧師認識艾琳，知道規範的文化及宗教解釋並不足用。詮釋循環的第二步迫使她趕緊更加理解艾琳的經驗，並且再次詮釋在這特定情況的改變的性質。在第三及第四步裏（見圖二），布蘭查特牧師與幾個人展開多次談話。她的首要工作是與艾琳及鮑勃建立談話的關係。這包括與艾琳達成的不自殺合同（見第一章），以及承諾一同探討基督的福音對艾琳及鮑勃的情況的特別意義。布蘭查特牧師處事謹慎，沒有應承給他們解答，但是保證會繼續為艾琳、鮑勃、他們的家庭和會眾尋找轉化。

開始時，是與艾琳探討家庭、女性及各問題的主流形象，怎樣營造導致她企圖自殺的情況。在她裏面的「問題」不單是心理、靈性或道德上的失敗。其實，建構艾琳的認知、意志和情緒生命的意義，是在所生活的社交場景裏成形的。敍事家庭治療師（narrative family therapists）假定，問題是在社交生活裏形成的，當人內化這些問題，成為個人明確的特徵時，就成為「病態」。對艾琳來說，這可能指她內化了對婚姻、做母親、自我犧牲、對情感負責的無能感，她達不到「合理的」期望。她的生命與主流敍事格格不入，而這是她自己造成的。透過把艾琳已經內化的問題的重要部分外在化，布蘭查特牧師得以開始幫助艾琳「重新寫作」自己的故事，在其中重拾盼望。例如，布蘭查特牧師沒有集中談論艾琳不能達成的重要期望（一種內化），而是試著與她探討女人怎樣被安排將這些壓迫人的信息內在化。內容可能包括直接談論女人怎樣被教導犧牲自我及否認，以獲社會接納，[7]或女人一般怎樣「因為她們不真實的期望或實踐不到期望……」[8]而常受到責備。布蘭查特牧師可以幫助艾琳建構一幅意義的景觀，認真地處理自己作為女人、母親、妻子的故事怎樣受到破壞——受到財政上的壓迫、難以應付的醫療保健制度、會眾沒有向每天非常有需要的家庭提供足夠支持。這套意義可能幫助艾琳明白無助及失望感怎樣控制其生命，及死亡怎樣似乎成為最好的解決方法。焦點裏，艾琳沒有被當作「病人」看待。她是個過度受壓迫的妻子及母親。她是個被邊緣化的人，因為其特定的社會位置，而與神恩典的實質彰顯隔開。現在，關顧可以集中支援受壓迫的艾琳那埋藏了的故事，並讓她融入信仰羣體中那更廣闊的生活。艾琳發現自己的故事與神藉教會體現的、無所不包的愛的故事連繫起來；這就是希望的所在。

釋放性關顧通常以一對一的談話及直接介入開始。在第三及第四步（見圖二）裏，會邀請新的聲音加入對話。經文及神學可以提供有用的見解。例如，艾琳自以為做不成正確的事，就惟有自殺。這形象可能指引布蘭查特牧師使用以利亞逃往沙漠的故事（王上十九章）。在故事裏，以利亞努力及忠心，卻換來疲乏及絕望。跟艾琳相似，他再受不了與人隔離及辛勞，企圖一死了之。他沒有食物，也沒有水，走了一天的路，來到沙漠就倒下了，等候暴曬而死。這個故事或可幫助艾琳從一個理解絕望至死的傳統裏，找到與自己的相似之處；而以利亞獲救，也指出艾琳、布蘭查特牧師和會眾可能面對的獨特結果。在這故事裏，當以利亞不能照顧自己的時候，神的使者顯現，並以生命的基本需要——食物及水——維持其生命。知道他當時並不孤獨，可從中得著指引。以利亞倒下之後，使者仍然陪伴他。當他可以起來，使者在他力量恢服的時候與他同坐，供應他路途上的所需，並且指示他怎樣走向何烈山。

故事的形象可以激發主動－反思（active-reflective）的關顧。首先，不容忽視的是，雖然希伯來人對自殺的看法負面，使者卻幫助以利亞維持生命，沒有指責其行為。第二，經文把維生的基本需要，與促使人重新聯繫羣體的個人密集交戰扯上關係。布蘭查特牧師及艾琳或可使用這些聖經裏的形象，組織對艾琳經歷的相互反思。活著可説是最重要的。她的媽媽關心她，她的丈夫也為她操勞，使她選擇生存下來，説明神的存在。他們可以一同討論邁向轉化的旅程可能包括的內容。布蘭查特牧師可向艾琳提供餅和水以開始旅程——例如指引他們接受牧養輔導門診服務，以支持她決心活下去。這也可能包括動員會眾資源，為詹姆斯提供實際幫助，及為叫人吃不消的支出提供財政上的幫助。在這一點上，布蘭查特牧師是進行詮釋循環的第三及第四步

（見圖二）。她正在使用教會資源，實質、非指責地行動，幫助艾琳及鮑勃應付日常需要，與此同時也開始一段談話，界定轉化在這特定的一系列關顧事件裏可能的意義。當教會領袖為提供實質回應的限制和神學意義而掙扎時，她的行動會激發更全面的談話。最理想的，是他們在這些談話裏，包括聖經、神學、社會分析和倫理上的看法。

第三及第四步裏的主動－反思談話，艾琳及鮑勃必須參與其中。轉化要求他們檢查自身的資源，及自己與信仰羣體的關係。再一次，聖經的敍事可以為反思過程提供資料。以利亞準備就緒，走了四十晝夜來到何烈山（王上十九 8～9）。雖然聖經沒有告訴我們以利亞的旅程是怎樣，但我們也可輕易地想像，神的使者與他同行傾談，顧關他。從他在何烈山上與神的對話的線索，我們可以想像他大聲疾呼地投訴，期望令他吃不消，他與宗教羣體又隔絕了（1、14 節）。他也要直接面對自己的限制——令他吃不消的處境。耶洗別真的威脅要殺死他（1～3 節）。不管他以往的力量如何，此時此刻，耶洗別的追逼使他走在自殺的邊緣上。在山洞裏，他面對更加大的限制。狂風吹，地動山移，置身其中，令他不能保護自己（9～14 節）。他的朝聖之旅在一片混亂之中，以主動－反思的轉化事件作結。當四周震動呼嘯時，他喊叫生命是如何從不公平。他質疑神的智慧及臨在。他試驗自己的信心及目標之基礎。在這個互動的過程裏，以利亞發現神聆聽及認真地看待他的故事／控訴這事實：「以利亞，你為甚麼在這裏？」「我在這裏因為我一直大發熱心！我一直努力作工，完成所託負的事！我現在只是孤單一人，不能做下去了！」主動－反思帶來了羣體及個人的轉化。以利亞以新的方法與其宗教羣體重新連繫起來。他的眼睛給打開了，看得見其他分擔他託負的人，並且明白自己所負責的工作（有七千個未曾向巴力屈膝的人；5～18 節）。他得引導看見分擔他工作的同伴，他們可以在困難時帶著正面的情緒。最後，他獲提醒：他的存在、生命和事工都是重要的。

這種神學反思可以幫助艾琳、布蘭查特牧師和會眾建構一個轉化的處境。他們可以一起探討新的敍事，把宗教生活包括在艾琳的故事裏面。這可以不少方式表現。例如，艾琳與布蘭查特牧師的交談可以給予艾琳力量，使她以新的方式使用會眾裏的資源。當她因詹姆斯而需要找人幫忙，當她設法從與會眾的關係裏解決自己的需要，或當她願意鼓勵會眾介入面對長期健康護理需要及財政問題的家庭，她的故事就可以成為羣體的論述的一部分。她的鼓勵可以擴大主動－反思的循環，因羣體面對要行動的需要，迫使他們就這件事對羣體的意義作神學思考。

艾琳或許不能為自己的事而鼓勵人。在這個案裏，布蘭查特牧師或需要更加主動協助。她可以讓艾琳看見，艾琳與信仰羣體的關係的不同景象。這可能包括讓她接觸提供家居助理的計劃，或接觸婦女團體，探討女性的新形象及不致損耗靈性地作母親。布蘭查特牧師可能需要為艾琳召集揀選一些領袖和暫時的意見，以挑戰與艾琳被壓抑的故事交接的會眾敍述，例如她可以就教會裏「事不關己，己不勞心」的個人主義習性提出疑問，就是當詹姆斯生病時，艾琳不能參加詩班及其他給她支持的活動時，教會裏沒有人有回應。轉化或可從領袖的行動開始——或可以幫忙照顧詹姆斯，讓艾琳得以在詩班唱詩——並且反思一些家庭是如何因為缺乏關注，而被人無意地邊緣化。當詮釋循環由第三及第四步進入第五步，會眾及艾琳的兩個故事，同樣都改變了。

有效的釋放性實踐繫於多種資源。在艾琳的個案裏，布蘭查特牧師及會眾領袖或可先反思，有助突顯艾琳的故事怎樣與會眾的故事交會的聖經故事。他們也可能因為其他會友在絕望裏得到恩典及愛的故事，受到激勵而有所行動。他們繼續進行此程序時，或會找到社會科學裏有關自殺的重要見解，或是神學文獻裏關於絕望和希望的見解。重要的是，布蘭查特牧師及會眾領袖聆聽如此多種的見解時，要緊貼這特別的一系列關顧，繼續反思及行動。以抽象的知識逃避轉化是十分容易的。當實踐帶來在布蘭查特牧師的宣講、教導、重新組織會眾回應孤立的會友、與艾琳及她家庭作牧養性談話裏的特別關顧行動，實踐就存在。

自殺的企圖——幾個故事

艾琳的故事並不是典型的「企圖自殺」故事。其實，釋放性實踐並不容許壓倒性的絕對解釋。在哪裏開始反思，需要甚麼關顧，並要轉化的形式，都由企圖自殺事件的個別處境而定。然而，對影響傷害自己的特定模式的因素，其社會性分析及生物心理社會學研究，都是重要的談話伙伴。它們有助於描述個別故事的結構，並提供預防性及回應的關顧。

對於牧者、會眾、家人及自殺者來說，企圖自殺事件是深刻地影響情緒的。它是使人害怕，時常令人氣憤的行為。在自殺研究裏發現的趨勢，有助稍為控制這焦慮。

首次企圖自殺後的死亡率

雖然任何企圖了結自己生命的個案都是嚴重的，需要介入，但是研究發現，在所有自殺不遂的人裏面，大約百分之九十死於自然。換句話説，在三十五到四十年的時間裏，大約只有百分之十曾經自殺的人最終自殺身亡。更特定地説，在一百個企圖自殺的人裏面，只有一個會在之後的一年裏再嘗試而身亡。距離首次企圖自殺的時間愈遠，這比率就愈低。[9] 對於要進行企圖自殺後的介入工作的牧者，這研究可以讓他們有多一點信心。

企圖自殺的連續體

牧者了解非致命的自殺行為的思路，是有益的。研究自殺的專家沒有清楚地描述這思路。範圍裏的每個部分都有一系列細分的部分，要作明確的劃分是不容易的，或是不可能的。思路的一個末端代表有死去的明確傾向、使用極為致命的方法的人；他們生存的機會甚微。第二個範圍包括對死去拿不定主意、採取的行動較不致命的人，而他們在其中較可能獲救。第三個範圍裏的行為，稱為間接自毀行為，包括不明顯或明確地蓄意傷害自己的行動，例如包括酗酒、危險及尋求刺激的行為、一些性行為偏差（sexual disorder）、飲食失調、自殘、不依從醫生囑咐、接受多次手術、吸毒成癮、一些讓自己發生意外的傾向等。多數自毀行為（有些可能是自殺性的）是不完全地、習慣性、長期發生的。間接的自毀行為可能標誌抑鬱症，或其他情緒或性格問題。

從這思路認識傷害自己這事，有助進行牧養事工。牧者得以探討獨特的故事，知道每個企圖自殺個案都是不一樣的。

女人及企圖自殺

與男人相似，自殺身亡的女人極可能在首次自殺時身亡。然而，我們審視非致命的企圖自殺個案時，發現當中在性別上有清楚的分野。研究發現，進入青少年階段之前，企圖自殺的男孩子及女孩子的分別不大。然而，到了青少年中期，企圖自殺的女孩子多過男孩子，比率最少為四比一，[10] 最高可能是十比一。[11] 根據一個針對十五至二十四歲女性的研究，每二百樁企圖自殺個案裏便有一樁完成自殺（200:1），相比之下，同年齡男性的比率為二十六比一。[12] 雖然這個模式在初成年時最為明顯，但是在成年女性的生命階段及不同文化裏，這模式保持不變。

女人（尤其是較年輕的），對比男人，也是較可能多次自殺的。臨牀觀察員一般認為，女人企圖傷害自己，都是因衝動，與重要的人際關係改變及家庭衝突有關。專業人士一般認為，女人藉著非致命性的嘗試來操控人或報復，表達怒氣，而並不是想死。精神科醫生在一個研究裏發現，接近百分之七十以非致命方式企圖自殺的人（多數是女性的）都是打算恐嚇或操控他人，而沒有想過要死。[13] 參加研究的病人普遍不認同，認為專業人士歸究的原因是錯的。[14]

幾個研究根據女人企圖自殺的文化處境作探討。這些學者指出，在社交上女人需要在關係裏取得成功。意義與價值是與關係的保存、關顧網絡的建立、在關係裏體現責任有關的。當這些關係性意義受到威脅，她們就容易自殺。[15] 這些因素有助解釋，相比男人，女人企圖自殺的次數較多、選擇較不致命的方法及成功率較低。一般而言，女人企圖自殺主要由於在關係上的需要未能得到滿足。與此同時，跟男人相比，女人較不願意因死亡中止重要的關係，也可能較關心身邊的人失去她之後怎樣生活。從這關係上的關注可見，女人企圖自殺並非倚賴別人或在關係上的病態表現，而是表示「在聯繫受到威脅下，她們極度要求承諾」。[16] 一項研究顯示，工作增加成年人建立關係的機會，或可減低女性的自殺傾向。[17]

企圖自殺與精神疾病（mental disorders）息息相關。在美國文化裏，相比男人，女人較可能確診患抑鬱症（很可能自殺），並且有多兩倍可能獲得醫生開出舒緩情緒的藥方。把厭食症（一般認為是自殺的方式）加入這條方程式的話，這個性別上的分別就令人震驚。教牧學神學家紐格（Christie Neuger）[18] 把這與幾個引起女人患抑鬱症的有力實況關連起來。父權式的不公義所確定的，是女人在文化價值方面權力較少、在經濟上較不獨立，較容易受到身體上的虐待。紐格指出，女人是在不利她們的文化裏出生，令她們可能會遭受到親密性暴力（intimate violence）。當女孩子成長的時候，受制於性別規範及權力的安排，她們就會被認為沒有「能力培養出對信任、勤勞或身分的全面意識，不論其家庭生活或性格是多麼的穩定或確定」。[19]因此她們學會埋沒自己的故事，以那些她們受教導要去滿足的，詮釋自己的經驗、需要和目標。她們變成配角，聲音沒有分量，也沒有權力。這些社會實況設定了背景，使女人為身為虐待關係裏的受虐者而自責，並做出自殺的自毀行為。

年青的女性在標誌著性別歧視、性慾化、性暴力的文化世界裏成長。每三個女孩子之中，就有一個在十八歲前受到性侵犯，這就是個有力的證明。相比男孩子，女孩子受到這種暴力對待的次數多三倍。懷特（Pamela Cooper-White）認為這些事實嚴重地影響女孩子那尚未完全探索的成長過程。「我們全部都活在一個『強姦文化』裏，女人及女孩子的經驗每天都被傳媒的信息包圍：女性的身體被當作貨品使用，對女性的身體自我（body-selves）的侵犯會遭忽視、默許縱容或批評。」[20]自殺研究發現，在因企圖自殺而入院的青少年裏，超過百分之三十表示受過性虐待，這並不令人驚訝。在該研究裏，相比男性，女性曾受虐待的可能顯著較大，也較有可能企圖自殺。[21]這些研究也指出，年青女性較頻密地企圖自殺，或許與涉及創傷及性虐待的精神疾病甚為相關。性虐待顯然能夠導致往後傷害自己的行為，尤其是當創傷最終影響女性維持關係上的連繫的能力。

我們不可單單因為女性一般不會在自殺事件裏死去，就以為她企圖自殺是耍手段或「擺姿態」而不加理會。女性已經被教導按社會可接受方式行事，融入主流文化裏；其中經驗的重要意見被埋沒了，要求她們遵從性別歧視及迎合父權式的期望，並強迫她們帶著性方面創傷的遺害默默生活。紐格引用心理學家葛林斯潘（Miriam Greenspan）的說話，[22] 提出很多抑鬱的女性裏面，一直隱藏對壓迫的無意識的憤怒，無法合法地抒發出來。女性企圖自殺率高企，所反映的或許不是一羣不能應付日常生活壓力的病女人，而是有系統地殺害女人的文化。為此，自殺學（suicidology）正開始關注父權、女性患自毀性精神病的嚴重程度及企圖自殺個案的關係。

一個女人企圖自殺應引發牧者及會眾思考他們中間的重要問題。在不少個案裏，女性必須自毀才能得到親朋聆聽，這是甚麼意思？對於**我們的**家庭、**我們的**會眾和**我們的**社羣，怎樣因應著女人關係上的需要，並模塑女人的意義及價值，而使女孩子融入社會，這個觀察有甚麼發現呢？女人為了維持現時家庭及關係上的構造，或應付以往遭性虐待的沉重包袱，精神健康受到過分的損害，**我們的**宗教領袖對此可以怎樣表達關心呢？我們可不可能就在這個地方聆聽女性的故事，留意當中導致自毀的因素呢？**在這裏**，我們可不可能獲得一個公開的神學聲音，詰問對自殺的固有看法或歸咎於精神疾病而來的恥辱，怎樣使女人不道出自己的痛苦。

生命階段的考慮

雖然年紀愈大的人，自殺身亡率愈高，但是在生命的每個階段裏，企圖自殺事件都頻繁地發生。自殺身亡的兒童（五歲到十四歲）很少。雖然自殺身亡的兒童甚少，但是企圖自殺及自毀的行為不罕見。研究人員相信，人們礙於兒童自殺涉及的恥辱，就蓄意減少呈報這方面的事件。兒童有自殺的衝動時，的確會付諸實行。

然而，因為一般找不到致命的自殺方法，加上發育未成熟，不能有效地計劃，自殺死亡率也低。雖然要分辨出有機會自殺的兒童是困難的，但是研究員已發現與較大機會自殺有關的模式。跟成人相似，抑鬱的兒童最有機會自殺。跟成年人不同，患上抑鬱症的兒童一般不為人察覺，需要由專門受訓分辨兒童抑鬱症的專業人士來診斷。患抑鬱症的兒童一般都有行為上的問題，呈現近似注意力失調症（attention deficit disorder）的病癥，或向朋友、老師、教會領袖表達絕望或自己無價值的感覺。不少抑鬱症兒童在企圖自殺之前幾個月，都是被孤立及感到孤獨的。兒童企圖自殺經常涉及不受控制的混亂情況或預料之外的情形。父母酗酒、患上情感障礙、有婚姻衝突，兒童就可能患上抑鬱症。一塌胡塗的父母一般做出沒有效及衝動的處事方法，或與兒童的自殺行為有關。[23] 不少自殺的兒童，曾與日後自殺不遂或自殺身亡的親屬或家人的朋友接觸。

一九五〇到一九九〇年間，「嬰兒潮時代出生的人」（“baby boomer”）急劇飆增，青少年企圖自殺事件備受關注。這個模式可能與第二次世界大戰後，青少年對市鎮及工業文化的期望改變有關。在二次大戰前，較年長的青少年結婚就業，快速地開始成人的生活。大戰後，延遲展開成人生活是對青年人的期望。多數青少年人花更長的時間留校，與外界隔離，而他們不被鼓勵早婚，有礙他們獲得有意義的性及工作經驗。戰後社會繁榮起來，愈更著重人的成就，他們要取得成就的壓力更大。一些社會分析家曾經預測，這種發展的「延遲」與青年的反文化行為、罪行、濫用藥物和自毀的情況有關。在現今的世界裏，自殺是青少年死亡的第三大原因。青年企圖自殺是普遍的。跟成年人相似，年青的女孩子企圖自殺的機率較大，而男孩子則較可能使用槍械或其他暴力方法，因此自殺身亡。

青年的自殺行為看來與幾個主要因素有關。首先，雖然身處於生命各個階段裏，患上抑鬱症的機會會愈來愈高，然而最戲劇性的增長發生在九至十九歲的兒童及青少年階段。青少年患上抑鬱症是常見的，而得到的數據卻比實際少。無論任何年紀，自殺念頭都與抑鬱症有關。一項研究[24]曾發現，在確診患上抑鬱症的青少年中，百分之八十五表示有顯著的自殺念頭。接近三分一患抑鬱症的青少年在二十歲之前曾經企圖自殺。第二，在青少年時期，酗酒及濫藥的人數大幅增加。一項研究結果清楚地顯示，酗酒與自殺行為的關係密切。在自殺身亡者中，接近百分之七十曾經酗酒。差不多一半企圖自殺的青少年曾經大量飲酒，以及表示於企圖自殺前不久曾飲酒。酒精、抑鬱症與自殺念頭形成致命的混合體。這是真的，尤其對青少年；他們會衝動行事，尚未發展出成人的處事方法，也經驗一般青少年時期裏平常的判斷失誤。

關係破壞及壓力下的生活環境，是青少年自殺的第三個及非常重要的因素。個人關係裏的舒適及安全感，看來對防止青少年自殺起關鍵的作用。主要的問題似乎是從衝突、侮辱，或羞恥而來的真實或潛在損失。與父母爭吵、戀愛中遇到困難、搬離家庭，及法律或紀律的問題，都是青少年企圖自殺最常見的先兆。青少年同時面對情緒波動或心理問題時，就更有可能自殺。這些不限於抑鬱症疾病。大約三分一企圖自殺的男孩子，給診斷出具侵略性及反社會的問題，而不是患抑鬱症。[25] 長期及不能排解的家庭紛爭，可能防礙青少年獲取在他們得到支持的關係裏所需的處事技巧，因而為某些青少年埋下自殺的伏線。

多數青少年對性徵出現都會感到矛盾，這是普遍的，而看來在很多青少年企圖自殺的個案裏，帶來不少影響。新近的研究認為，相比異性戀青少年，有自殺念頭和企圖自殺的男同性戀及女同性戀青少年人數多兩三倍，甚令人震驚。[26] 然而，與異性戀青少年相似，男同性戀及女同性戀青少年表示，他們企圖自殺的主要原因，不是混淆的性取向或性方面的矛盾，而是「家庭問題」。[27] 此發現強力支持，有效及提供支持的家庭關係是防止青少年自殺單一而非常重要的方法。幫助在衝突或危機中——尤其涉及「將會成為」男或女同性戀者的青少年——的家庭，或許是防止青少年企圖自殺的單一而最佳的牧養關顧行動。

最後，嘗試了結自己生命的青少年或有曾經作出類似舉動的朋友或家人。一個研究[28] 發現，在自殺身亡的青年中，大約百分之四十有一個關係密切的親人曾經企圖自殺或自殺身亡。

臨牀經驗認為，父母對有自殺危機的青少年的回應可能不夠快速。父母把青年子女的個人、社會、關係上的苦惱，詮釋為一個暫時的「階段」，是將會自動消失的，這並不罕見。多數父母不想承認孩子患上抑鬱症或有危機。父母低估孩子在社交上感挫敗或從首次重要的兩性關係破裂而來的痛苦，使很多抑鬱的青年得不到醫治。

中年（三十五歲到五十歲）會出現重要的發展上的挑戰。一九五〇年後，很多在嬰兒潮裏出生的人在青少年／成年早期經歷了企圖自殺的人數急劇增加，看來把這個情況帶入中年期。年屆中年的成年人的自殺身亡率，一直沒有大改變，同時，新的研究顯示，中年人的自殺企圖與其成年的發展任務有關。自殺可以是發展停滯的最終表示。多數人到了中年的時候，累積了一些生活壓力。事業並沒有如期發展，生活的力量已不如從前，關係改變或結束了，孩子離家，失去最愛的人。適應中年的生活需要應付損失及改變。以前的應對策略可能不足以應付正常的中年生活，或者，一些劇變令以前有效的策略應付不來。

> 有些中年人士就是不能過渡中年的轉變。例如，他們不能夠再愉快地工作，不能放下年青時期的虛假夢想及專橫——尤其當他們患上令人煩惱的慢性疾病，再發性的抑鬱性疾病，有酗酒問題及經濟、情緒和靈性資源不足。中年一般意味（正如海明威〔Heminway〕及史泰隆〔Styron〕發現）人必須不借助酒精、工作晉升或性表現而繼續生活。有些中年男人自殺，其中一些原因，是他們不認為自己能夠改變成年早期的生活方式，成為能生活下去的中年人：「中年期」把他們擊傷。[29]

自殺標誌著不能重新評估人生的夢想，及不能明白快樂得來不易。

長者（六十五歲及以上）的自殺身亡率是最高的，其中以年老的白人男性居首。很少研究審視長者人口的非致命企圖自殺個案，其中一些原因，是他們首次企圖自殺都十分成功。新近的意見調查發現，在美國裏，多數長者都有活下去的充分原因。其實，在過去十年間，最年老的人口已經擴大了，而六十五歲以上人士的自殺率也輕微減少。長者正設法維持生命的生產力及活力。然而，值得注意的少數卻經驗重要關係、獨立性、社會支持、健康和財力上令人不知所措的個人損失，再加上一生之久的性格或精神健康問題，要應付處理的壓力不是他們能承擔的。牧者特別要明白的，是相比較年輕的人，年屆八十五歲的白人男性的自殺率高出三倍。研究人員認為，相比其他人，這些男性或較不能接受健康轉差，較不能適應生命的多種改變，思想模式也傾向僵化。這些特徵使他們更易去自殺。一位頂尖的自殺學家[30]曾經提出，老年人自殺與沒有能力（或拒絕）接受人類狀況的限期很有關連。對白人女人及非裔美籍男女來說，年齡看來造成相反的影響。年老人的企圖自殺率及自殺身亡率明顯下跌，部分原因是他們在年輕時的經驗裏學會了適應，而白人男人則不需要這樣做。

特別個案

沒有一椿企圖自殺個案是簡單的，但是，每一椿都可以是差不多複雜的。有時候，回應企圖自殺個案是直接的。在其他時候，自殺企圖包含濃厚的絕望感，抗拒別人介入。自殺行為一般涉及多種壓力源及嚴重的精神健康問題。這些因素加上生活裏的長期問題，使關顧的系統不能應付。在這些個案裏，牧者的介入技巧可能受到嚴重的考驗，會眾可能被迫竭盡所能，體現神包容的大愛。與此同時，對於面對多個問題及在社會上擁有很少資產的自殺者來說，會眾的關顧可能是惟一持續的幫助。

瑪麗

瑪麗（Mary），四十五歲，未婚、獨居，與三隻狗為伴。三年前，一名牧區信徒把瑪麗轉介給加里（Gray）牧師，以尋求協助處理租金及食品雜貨的支出。瑪麗待業；早前，鄰居懷疑瑪麗自殺，向警方報案，由醫療輔助隊通宵把瑪麗送院。後來，瑪麗開始出席崇拜，並得到牧區信徒的幫助，找到一份兼差。一直以來，瑪麗很少參與會眾的活動。會友對加里牧師說，要認識瑪麗並不容易認識。她似乎朋友不多，通常與狗兒為伴。在過去兩年裏，瑪麗面對危機的時候，一直定期聯絡加里牧師。在這些事件之中，強烈的感覺、生活的問題並以為同事及教會會友藐視自己，使她不能釋懷。於是，她不時發脾氣及感到無助，不理遇上事情的大小。

瑪麗經常找加里牧師處理問題，耗費他不少時間，並且往往暗示自殺是解決自己痛苦的方法，令牧師漸漸感到意興闌珊。他本來打算轉介瑪麗接受專業輔導，卻徒勞無功。本地精神健康系統裏可以供瑪麗使用的資源，她都用盡了。她曾經確診有邊緣型性格（borderline personality）及躁鬱症，而一再進入醫院的精神病科。

加里牧師在瑪麗的同意下詢問其治療師；她的治療師解釋，他每個月都會與瑪麗見面，觀察其病情。他表示，瑪麗患上長期性精神病，不太可能有改善。除非她企圖自殺，嚴重危害生命，需要醫療介入，否則不可能再次入院。

在牧養性的談話裏，加里牧師發現瑪麗有一段不短的企圖自殺經歷。瑪麗表示她曾遭近親侵犯，獲救後「心裏存著」自殺念頭。這念頭一直與瑪麗為伴；是她脱離纏身的痛苦的方法。在美好的日子裏，它好像安全網一般，在她的思想後面。在惡劣的日子裏，它活現眼前——令她每時每刻都處於爭戰之中，要繼續受苦，還是退到死亡的安全裏面。

兩年來，加里牧師一直關顧瑪麗，現在他感到無望。他的回應似乎沒有一個可持續地影響瑪麗。他對巧妙回應牧區信徒關於瑪麗對會眾造成「負面影響」的投訴，已感到厭煩。瑪麗充滿自殺危機的電話，回應需時及使人焦慮，加里牧師對此已經感到不滿。到目前為止，瑪麗的不自殺合同一直奏效。雖然她整體的狀態沒有明顯的改善，但是牧養性談話看來令她不自殺。加里牧師因為可供瑪麗使用的資源太少，太多責任落在他身上而感到氣憤。他也感到疑惑：繼續關顧瑪麗會不會阻礙其他事工；他答應這樣幫助她，會不會使瑪麗更加感到不能照顧自己。他很想在下次瑪麗致電給他説想自殺的時候，立即通知緊急醫療服務隊，讓別人來處理。然而，根據瑪麗過往的記錄及與其治療師的意見，他知道這樣做成效很少。沒有受到危害生命的傷害，瑪麗將不會留院或獲得很大的幫助。瑪麗或許會覺得牧師召來緊急醫療服務隊是背叛了她，而中斷與牧師及會眾的關係。

瑪麗的個案並不罕見。在不完善的精神病醫療系統裏，長期精神病患者得不到良好的服務，一般轉向教會求助。當中不少人有自殺的前科。牧者和大部分會友通常都不會自覺地邀請瑪麗參與會眾的生命，或把其深層的需要帶到會眾的生命裏面。很少牧者受過訓練，為長期病患的自殺人士安排關顧。很少會眾認為，自己主要的使命是關心有這樣深層需要的人。大部分會眾寧願瑪麗從其他羣體計劃裏尋求支持。不過，跟「瑪麗」一樣的人會無聲無息地在教會的門口出現。他們可能帶著簡單的需要前來，受到好心人的熱情吸引。回應需要的牧區信徒，一般低估就近瑪麗的痛苦的感情代價——受到的間接創傷及耗盡同情心。牧者很快發現他們處於困局之中：實際上，他的訓練和時間十分有限，會眾服事的優先次序也有限制，不然就是趕走深受傷害的人。這是令人不快及不易解決的困局。放低瑪麗的案子，先做其他牧養上優先的事情，可使瑪麗感孤寂，而牧者及牧區信徒則承受既內疚又釋放的矛盾、煩惱心情。

關顧瑪麗是沒有方程式的。然而，就像艾琳的個案一樣，瑪麗所經歷到的事及加里牧師受到的挫折，可以激發釋放性實踐。加里牧師持續聆聽瑪麗的故事，從中可能受到激動去提問：瑪麗的出現，對於他及身為基督徒的會眾來說有甚麼意義。怎樣在這麼難相處的人身上實踐事工呢？擴闊行動及反思的範圍，可以激發創造力及增加選擇，減輕加里牧師對瑪麗的個人負擔。而會眾那邊廂或會出現意料之外的資源。例如，會友可以探索自身的召命，接受介入自殺個案的訓練。信徒領袖或許決定加入本地的精神健康協會，為擴大計劃以幫助瑪麗及其他情況相仿的人大力游說。親身接觸瑪麗的人被她的故事感動，而為她發聲爭取，或許得以在嚴格控制的精神健康計劃裏爭取新資源，解決瑪麗一些較緊急的需要。會眾深刻地反思聖經的敍事，令他們記起神的救贖行動怎樣不期然臨到無處容身的邊緣人士，或許促進他們的靈性發展。

在事工裏面，大部分牧者會回應自殺不遂者或其家庭。那連串關顧令人害怕，但卻帶來很好的轉化機會。在瀕死的經驗裏，個人意義、生死、自我內在關係（self-in-relationship）的重要課題格外突出。將他們轉介給合資格的輔導員或心理健康方面的專業人士，這是正確不過的。與此同時，牧者及宗教領袖不要丟棄神學談話及宗教關顧，這些轉化個人及會眾敍事的責任。透過釋放性實踐，牧者細聽企圖自殺故事的細節，可以打開介入的新局面。對於家庭、會眾、企圖自殺者來說，這些步驟都具有轉化作用。

3

基督徒羣體的自殺脆弱程度及生命

人們總以為直接的輔導或危機介入，就是對患抑鬱症及有自殺傾向者的牧養關顧。然而，牧養關顧也呈現於宣講、教導及怎樣組織會眾的生命之中。這些全都影響人怎樣詮釋神的愛，個人怎樣安排屬靈的旅程，並會眾怎樣回應有需要的人。會眾的特質（ethos）、信仰模式、會友的期望，都會影響對生活方式的選取、對發展轉變的態度、和處理壓力的策略。這些合起來可以成為有力的因素，左右人怎樣處理抑鬱症及怎樣詮釋以自殺為選擇。

雖然關於宗教及自殺之間怎樣互動的研究很少，但是有適量證據證明在某個層面上，宗教生活防止自殺事件發生。*統計上，相比沒有企圖自殺或自殺身亡的人，自殺者是較少上教會的。最可能自殺身亡的組別——男性新教徒——上教會的比率是最低的。最小可能自殺身亡的人——非裔美籍女人——上教會的比率則

* 末日教派（apocalyptic cults），如人民廟堂（People's Temple；瓊斯鎮〔Jonestown〕）、天堂之門（Heaven's Gate）或大衞教派（Branch Davidians）會是例外。宗教團體把自殺納入其宗教價值裏或以自殺預備最後的日子，使自殺危機劇增。一般來說，這些都是由異端教派的領袖鼓動的自殺事件。

最高。當然，這個證據欠缺説服力。過去二十年的研究，對宗教生命怎樣及哪種宗教生命減少抑鬱症及自殺出現，提供了一些資料。我會在這一章著重討論一些重要的發現，並且簡略地探討它們對於會眾生命的意義。

宗教生命與精神健康

在過去半個世紀裏，研究發現了生化機能（biochemistry）與情緒，及宗教經驗與我們的生化機能的清晰連繫。

其中一些研究斷言，宗教習慣*對身體、精神和情緒健康都具有量度得到及大致正面的影響。[1] 要準確地描述甚麼宗教行為、信仰或習慣產生此正面影響，或者準確地描述宗教怎樣運作，以致消除壓力或改善處理壓力的方法，則是較困難的。研究人員已經從幾個方面解釋正面的影響。一個立場聲稱，宗教是人類生活的條件，對人有根本的益處。現時，一些神經科學家主張人腦本身具有「宗教的遺傳」（“religiogenetic”）。[2] 他們主張，人腦的構造使我們本身擁有宗教意識。這個主張解釋一個事實：不同文化裏的人普遍有宗教性的表現。此外，產生宗教情感及行為的腦部及神經過程，也是產生心理經驗及行為的地方。人類的健康有賴（最少部分地）實現人類經驗中的宗教維度。明確地委身於宗教及有定期宗教行為的人，他們人性的生化機能及感情的根底，使他們受到壓力的時候，可免於患上嚴重的心

* 在最廣義上，宗教包括（1）對神，或其他屬靈的臨在，或建構人類生命框架的道德理想的信仰，（2）某形式的個人及羣體儀式或歡慶，（3）道德系統，及（4）持共同信仰的羣體。

理問題。

第二個立場是，人走到生命的極端狀況時（例如痛失親人、患上嚴重情緒失調症，或傷殘），他本身會變得更敬虔。在這些個案裏，宗教起緩和作用，減少痛苦及令人感到穩當。第三個立場則認為，宗教是社會性的預防措施——預先防止引起問題的行為及態度，例如不安全的性行為、離婚、飲酒。最後，一些研究人員提出，人類作為社會性生物在生存及奮鬥的方式裏面，包含宗教的成分。當人遇到危機、壓力或病患時，宗教發揮網絡性影響力，為苦惱的人動用社會上的資源。這些立場都認為：宗教及靈性都是重要的因素，幫助人們應付壓力及精神疾病所造成的生理及社會性結果。

抑鬱症與自殺

有充分的證據證明，宗教生活可使人避免患上抑鬱症及自殺。早至一八九七年，社會學家杜爾凱姆（Émile Durkheim；又譯迪爾凱姆）注意到，把宗教融入自己整個生命的人的自殺危機較少。[3] 自一九七〇年起，為使這觀察結果更準確，一些研究提出了問題：「怎樣的宗教可使人避免患上抑鬱症及自殺呢？」心理學家奧爾波特（Gordon Allport）[4] 把「內在的」（“intrinsic”）與「外在的」（“extrinsic”）宗教推動力分別開來。內在地受推動者視宗教本身為目標。宗教是人生意義及重要人生決定之本。外在的推動力卻是較為功利的。外在地受推動者可能在遇到危機時暫時「尋找宗教的」幫助，或為了次級效益（例如改進生意合約或取悅配偶）而參加宗教羣體，會因生活情況轉變、朋輩壓力、和個人需要而變動。有研究以這個分辨方法進行跨宗派的分析，發現相比外在地虔誠的人，內在地虔誠的人較少患上抑鬱症。[5] 幾個近期的研究顯示，「內在化」的信仰與良好的精神健康好處有關。相比外在地受推動者，視個人信仰為組織生活的原則的人較少感到焦慮、憂慮和罪疚。[6] 將靈修融入日常生活，及著重以與神的關係為中心的人較少感到抑鬱。[7] 內在地非常篤信宗教的抑鬱症患者似乎也更快康復。[8] 一個研究總結説，人只參加宗教團體，而個人**沒有投身其中**，心理壓力會增加。[9]

非裔美籍人士的自殺率低及出席教會的比率高，* 幾個研究就此仔細地調查了宗教在非裔美籍人士的羣體裏的保護角色。研究結果大致確認，非裔美籍人士與歐裔美籍人士在一方面相似：那些把生命裏的滿足感與神的關係掛勾，及視宗教生命為應付挑戰的方法的人，是較不可能接受考慮自殺的。[10]然而，這些研究揭露了兩者幾個不同之處。首先，與歐裔美籍人士相比，非裔美籍人士的宗教羣體並不限於教會的建築物之內，而是整合他們整個社交生活。會友的身分並不受某個時間及地方所限，而是個人及家庭的社交連繫、活動、決策的基本組織原則。看來，單此強大的「網絡影響力」，就是防止人自殺的保護性因素。

第二，相比之下，非裔美籍人士的教會對自殺的看

* 這些因素或許不能説明年青的非裔美籍男人的情況；他們出席教會的次數，比年長的男性少，並且他們在美國文化裏，最有可能在暴力中死亡。研究人員推測，他們死於暴力可能是一種自殺的形式。

法，似乎並不模稜兩可。這包括：（1）清楚地教導自殺不是解決生命問題的可以接受方法；（2）傳講自殺是「不可赦免的罪惡」，及（3）自殺有違非裔美籍人士的身分特質——它是「白人的東西」。[11] 最後，相比歐裔美籍人士，患抑鬱症的非裔美籍人士[12] 較可能（一個研究發現，有多三倍的可能）看到靈性與抑鬱症有關聯，以及尋求宗教性介入。經驗的觀察進一步證實較可能企圖自殺的非裔美籍人是年青人，一般都是無家可歸，及與宗教沒有關連的。[13]

研究提出，視宗教生活對個人及社會都重要的人，較不可能認為自殺是可行的。崇拜羣體裏的那種宗教經驗看來也是個保護性因素。在這些人中，自殺率似乎較低：

- 參加會友制的教會，從而參與更多宗教上的決策及領導工作；
- 參加神學上較保守，明確地反對自殺的教會；
- 參加的教會持續地教導會友抗衡流行文化。

參與宗教與應付生活壓力的策略之間的互動方式，可能找到其他保護性因素。

應付生命的壓力源

大型意見調查顯示，多數美國人（百分之五十到八十）相信，宗教有助人面對重大的生命危機或損失。較審慎的對照研究提出，人們喪偶、患上使人衰弱的病或抑鬱症、身體傷殘或面對其他重大危機時，宗教（持久的宗教信念、參與聚會、信仰神及一套宗教理想）最少在一半時間裏有其重要性。這發現並非不重要的。相比之下，宗教是獲得美國食品及藥物管理局（FDA）認可的罕有藥物，在一半研究個案裏呈現正面影響。而統計上的重要性，靠賴更微細的分別。雖然各個研究的結果南轅北轍，但是我們具有充分的證據證明，**對於那些聲稱宗教對自己整個生命都重要的人**，宗教生活有助他們正面地處理問題。在不認為自己虔誠的人裏面，似乎找不到這些正面的好處。一個特別有用的分析（將在下面探討）提出，宗教的處理可以是對人有幫助、有害或兩者兼備的；大多在乎那宗教生活裏的羣體的性質，及個人的信仰系統。這些研究的結果對防止自殺及回應完成自殺後的尚在生者具有重要的牧養含義。

有幫助的宗教處理方式

珀加曼特（Pergament）及布蘭特（Brant）[14]探討四十個研究後，提出三個有用的宗教式處理方式——正面的屬靈支持、會眾支持和仁慈的宗教式易構（reframing）。當人把自己與神的關係看作是協作或合作關係時，就獲得**正面的屬靈支持**。這一般是具體及個人的。神實際地及帶感情地臨在。神令人感到安慰（「神會照顧我」）。神親自及直接地指導人做甚麼或怎樣回應。這些回應關係到對不同種類的壓力源較高層次心理調適。**會眾支持**是雙向的，包括教牧人員及會眾。身處危機的人可自在地向牧者或會眾求助，以及牧者或會眾自發地支持他，在這個情況下，正面的處理方式就得以推廣。支持包括基本維持健康的供給、情緒上的支持及協助解決問題。按**仁慈的宗教式易構**的解釋，負面事情都在關愛的神的掌管之內。不能控制的負面事情並不是偶然發生的，也不是懲罰的形式。反之，神掌管歷史。雖然人類腦袋或許不能理解苦難，但是神會轉化痛苦，以某個方式賦予它意義。「讓我受苦是神旨意的一部分」或「我的苦難裏有神的心意」一類的話語，都不是在神學上最完整建構的説話。然而，這些説話確使人知道一個事實：相比在身體及心理的痛苦裏找不到宗教上的救贖意義的人，找到的人較快從自殺的絕望裏恢復過來，並且得到較大的保護。人愈是把暫時不能控制的事情（疾病等）交託神，也愈能適應壓力。牧者的其中一個任務，是幫助人以神學上有益的方式，明確表達：「我們控制不到的東西，神都在掌管。」

有害的宗教處理方式

宗教資源可以是應付壓力的負面因素。其中一個十分重要的發現是，**個人與牧者或會眾關係惡劣或破損**，與其沒有足夠能力應付生命的壓力源有重要關係。當然，這或許是出於另一個原因：未能妥善地處理壓力的人，可能與牧者或會眾的關係也有問題。就這情況，研究未夠精準至評估此混雜的變數。但足以指明，與會眾關係惡劣可削弱心理及身體有毛病的人的康復能力。

對於嘗試應付生命的壓力的人，**負面的宗教式易構**也是個有害的元素。把自身的危機易構——或由牧者或會眾詮釋危機——作神的懲罰的人，較可能經驗心理上深層的痛苦，並且因為宗教的介入而情況更糟。研究人員提出，把充滿壓力的生活事情易構為神的懲罰，是不常見的。然而，當這樣發生的時候，會帶來恐懼、罪疚，及難以從身體及心理的痛苦裏康復過來，代價沉重。虔誠的人會面對社會上（或宗教上）無以名狀的壓力源，包括罹患愛滋病、失去初生的孩子、有男同性戀或女同性戀傾向、企圖自殺，或家人自殺身亡，牧者需要幫助他們應付潛在的負面宗教因素，這是尤其重要的。

混合結果的宗教處理方式

宗教處理方式裏，有兩種會產生混合的結果。令人驚訝的是，採用**宗教儀式**造成分歧的結果。禮儀如認罪、醫治服事及哀悼儀式在一半時間以下產生正面影響，在接近百分之二十五的研究個案裏產生負面影響。要評估當中的原因和影響是困難的。儀式是否拖跨了處理方式？或是因為曾經患精神病的人較可能參與儀式，扭曲了結果？整體而言，研究提出，我們不可能預期甚麼儀式，在甚麼情況下，有甚麼人一起，會對人有幫助或有害，或不造成一點影響。這些結果叫宗教領袖只可以慎重地考慮過的方式，及在負面結果受監控的處境裏採用禮儀。

包括與神的合作或協作的處理方式，產生大多正面的結果，而**自我管理及懇求**的進路則產生非常混合的結果。著重自我導向及解決問題的個人責任（神給人管理自己生命的自由）的宗教取向，涉及較高層次的心理能力。當問題確實地受人控制時，此取向是有用的，但當人不太能控制健康或環境時，則產生負面的結果。反之，視神要負責及等候神積極介入（例如求神蹟）的順從進路，涉及較低層次的心理能力。當問題是人可以處理時，這些策略一般造成負面結果。但是，在力所不及的情況裏，人藉著向神懇求，看來得著盼望及交託的良好感覺。

對牧養關顧的影響

這些研究結果給宗教領袖很少驚喜：

- 宗教對於人類的生存是重要的，透過重要而有趣的方式與人類的體現互動。
- 宗教的實踐及對宗教的委身，對人類的心理及生化機能有正面的影響。
- 在日常生活裏秉持深信的宗教信念的人，會較少患上抑鬱症，也較容易克服情緒困擾及生活的壓力源。
- 踴躍地參加信仰羣體，助人避免患上精神健康問題及自殺。
- 就處理方式、抑鬱症和自殺，教會怎樣教導及教會所教導的，會影響人怎樣從主要的生活壓力源裏康復過來，及怎樣詮釋自殺為解決生活問題之方法。

上述的結果都顯示，對身處危機的人，牧養關顧必須不止於短期的回應。關顧與整體的牧養事工完全有關。研究裏發現的保護性因素，大多不太涉及牧者輔導或危機介入的技巧。反之，它們與作門徒、會眾生活、宣講及教導有關。

作門徒

個人的敬虔是尤其重要的保護性因素。在回應有需要的人時，牧養輔導及危機介入技巧是不可或缺的。然而，過度強調輔導為本的技巧，或會忽略作為屬靈領導那強化保護性的內在靈性的關顧。有效的關顧必須引導牧區信徒與至聖者真實地交往，就是與日常情緒經驗、人類的體現、社交生活自然地交匯。

門徒身分為多數基督教教會所重視，依照不同的傳統，大異其趣。看來，其特定的「型態」（例如，神職人員指導的屬靈方向或福音派的查經小組），相比個人實際上發展整全、內在化的靈性，對健康狀況顯得較不重要。信仰發展的研究顯示，秉持深信的、成熟及整全的個人信仰建構框架，讓人了解及應付生活的不確定及脆弱。作門徒般的牧養關顧，指導人邁向此成熟健康的靈性，是深化信仰生命及管理日常的決策及行為的。

奧茨（Wayne Oates）在其經典著作《當宗教出問題的時候》（*When Religion Gets Sick*）[15]裏認為，健康的宗教是富動態的。宗教成為了全面的人生觀，以接受人類在權力、時間、地點方面的極限，及作自我檢查為特徵。它為各個道德結果提供架構，並且建基於共同的傳統。奧茨認為，宗教出問題的時候，就會嚴重地防礙生命的各個基本功能。宗教變成防礙我們展現基本人類情況的工具，卻沒有促進我們的健康。不健康的宗教轉變成對宗教象徵的特殊操控：如果我做正確的儀式，就可以驅走痛苦；或者，我是十字架上的基督，我自殺／死亡會對別人有益。有問題的宗教嘗試控制不能控制的世界，以「透過律法主義、禁忌、唸咒儀式和沉迷行為所發展為的魔法般的操控力——迷信及魔法——消除未知及危險……當人要神負起這些『被迫經歷的情況』的全部責任，並且因而把改變情況的全部責任都推給神的時候，宗教就變得有問題」。[16] 有問題的宗教令信徒抗拒信仰羣體，或與之割裂，就是本來能夠給他們支持的保護性網絡。一般而言，有自殺危機的人都受到運作不良的宗教圍繞。

使門徒邁向健康的宗教，是牧養關顧的重要功用，尤其是引導個人接受人類創造中的優越之處，也接受在人與神關係裏的受造身分的限制。這讓人可以正面地協作：我是人，有責任為自己及他人發揮所長及依道德行事。然而，我是人，也有限制。在我的限制之外，有神，是我終究必須倚靠其常常臨在及永遠關懷的那位。

當然，所有信徒領袖所面對的挑戰，是找出具創意的方法邀請牧區信徒參與促進個人持續、具生命力、及真實的敬虔的計劃、活動和關係。最佳的情況是，有患上情緒失調症及自殺危機的人可以在危機出現之前作門徒。在現實裏，關顧一般是回應切身的需要。因此必須設法邀請受困擾的人投入屬靈成長的過程。或許需要主動地接觸有患抑鬱症危機或生活裏遭遇問題的人。一些牧區信徒較歡迎別人邀請自己定期聚集禱告，每星期參與研經小組，或定期相約談論與神的關係，而不是接受短期輔導或其他治療式的介入。這不但提供屬靈支持，而且讓人展開個人整合的過程，減輕痛苦、促進治療、防禦將來的壓力源。

雷蒙特

雷蒙特（Raymond）六十八歲，在妻子因癌病去世時退休。他是一間中型的循道衞理教會的會友，「頗定期上教會」。他每個月上教會一至兩次，從未踴躍參加教會活動。太太去世九個月後，關心雷蒙特的會友告訴埃弗里（Avery）牧師，雷蒙特消瘦了、不洗澡，很少離家外出。雷蒙特的一個朋友記得，他經常提到快與太太團聚。雷蒙特太太瑪利（Marie）去世的時候，埃弗里牧師曾提供危機關顧。可是，他這次推卻好像「輔導」的各個介入，拒絕被轉介予牧養輔導員。

埃弗里牧師為此抽時間到雷蒙特家。在探訪裏，埃弗里牧師與雷蒙特重溫他與瑪利的關係。埃弗里牧師避免可能好像「輔導」的回應，與雷蒙特談論他與神的關係，他對瑪利之死的理解及他自己與生命的關係。他們倆討論神在其喪親之中的位置，探討神對他這個未亡人的生命有哪種「要求」。雷蒙特承認感到憤怒及困惑，同意在之後的兩個星期裏，每天與埃弗里牧師為此事禱告。他們將會隔天見面，討論彼此在禱告過程裏面發現甚麼。他倆都認為，雷蒙特失去了瑪利，就應該去找出在他這個仍在生的人身上，神有甚麼——如果有的話——要成就。

在兩星期裏，雷蒙特在禱告裏表達憤怒、悲傷、渴望及對自己的生存的迷惘。埃弗里牧師可以在宗教上與他討論。牧師主動地思考聖經，並且帶領雷蒙特討論「復活」對於死者及面對喪親的未亡人的意思。兩個星期完結時，雷蒙持接受邀請，每星期與一班有意探討靈性成長的退休男士一起吃早餐。在六個月裏，雷蒙特每星期都出席早餐聚會。他主動地與其他人一起誦讀關於靈性成長的文章，並且表示自己正在尋找自己在瑪利過身後的一些意義。雖然雷蒙特不曾承認自己考慮自殺，但是埃弗里牧師觀察到，他已較為合羣、定時進食，不再在言語間暗示自殺。他仍斷言不相信輔導。

會眾生活

第二個同樣重要的保護性因素，是與信仰羣體的關係。牧養關顧是促成良好會眾關係的背景。與會眾關係沒問題的人較易應付生命的壓力源，結束自己生命的可能較少；差劣的會眾關係不能抵抗壓力源，亦削弱人應付壓力的技巧。實際上，這表示要仔細地留意人們怎樣善於社交地融入會眾的生活，並特別留意看來被邊緣化的人。最難融入教會的社交生活的人可能是最需要教會「網絡效應」的防衛能力的人。牧者及信徒領袖或者需要格外的創意，設法了解抑鬱者或感到生命沉重的人。這些人很少自然地受到支持他們的關係所吸引。然而，牧者主動重複邀請，與重要教會領袖互動的協調，或受過完備訓練的關顧小組的關注，可能減低他們融入的困難。

非裔美籍人士的自殺率非常低，證明其教會形成尤其強大的保護性「網絡效應」。不少有抑鬱症及自殺危機的人，屬於教牧神學家溫伯利（Edward Wimberly）稱為的關係性難民（relational refugees）。[17] 這些人缺乏養育及釋放的關係。他們與家庭、社羣、上幾代隔斷。他們與其他人缺乏連繫，就是促進自我關顧及自我成長的。取而代之，他們選擇了破壞性模式及關係。溫伯利斷言，非裔美籍人士的教會保存內裏的師徒模型，特別能醫治關係性難民。

> 非裔美籍人士採用師徒關係去傳遞各種技巧，幫助人成長為羣體裏成熟及有成效的成員。師徒制其實是傳遞生命技巧的模型，可以作為神學教育及牧養關顧事工的基礎。師徒模型對於包括關係性難民的情況尤有幫助。導師可以作橋梁，讓關係性難民返回社羣，成為其克服無家感的方法。導師幫助關係性難民模塑自己的世界觀，是以其自我身分、他們是社羣成員的身分，並他們在世界上身處的位置所界定的。[18]

溫伯利指出，師徒制為非裔美籍人士的教會會友提供重大的保障。師徒制在多數的會眾裏面同樣有效，也許是關懷身處危機者的其中一個良方。

非裔美籍女人的自殺率是在所有組別裏最低的，需要特別注意。看來有不能以網絡效應或師徒制解釋的因素在發揮作用。婦女神學家克勞福德（Elaine Brown Crawford）[19] 觀察到，非裔美籍女人必須克服受虐待及壓制的獨特遺傳。她們的痛苦包含在黑人獨特的痛苦裏面。此經驗並不公平，或不是人類所共同經歷。黑人所受到的痛苦是不成比例的，情況非常嚴重，是威脅生命及消耗生命的。它也並非災難性的——不是突襲，又快速撤退。反之，是跨世代的，滲透文化中。非裔美籍女人處於痛苦深處。性別上的不公義使她們經歷身體上的額外壓迫。她們成為了美國的「准許傷害的受害者」，受到虐待而鮮作反抗。克勞福德説：「她們已經受到奴隸販賣及蓄奴的性剝削及殘忍對待的傷害，還有今天持續不輟滲透在制度及社會形式裏的種族、階級和性別壓迫。」[20]可是，她們看來在最致命的社會場景裏存活下來，並且自殺率低。

克勞福德提出，非裔美籍女人成為多個世代的屬靈橋梁，象徵「我們果敢地拒絕因受害而死，以及我們要活著，成為希望的管子的無畏決心」。[21]這希望建基於對痛苦、虐待、暴力和分離的那刺痛人、原始的吶喊（或叫喊）——把非裔美籍女人與非洲祖先連繫起來的。那叫喊所要求的，是對人性的辨識，標誌她們拒絕在這個否認她們的女性身分的世界裏默不作聲；是呼求神「前來見我」。在叫喊之際，非裔美籍女人在作奴隸時已從對生命可能性的熱情中，找到盼望。「不能遏止地渴望那尚未成就的」，這渴望給她們動力在可能活不下去的環境裏勇敢地活下來。

克勞福德從非裔美籍女人的故事，勾勒出一種從奴隸時期代代相傳、勇毅無懼的盼望。這盼望是「一個神學建構，推動這些女人越過忍耐存活下來，且最終轉化壓迫的環境。盼望是壓迫與釋放之間的橋梁，使人性整全及培養對生命的無畏的熱情」。[22]這盼望是終末性（eschatological）的，但是其能量是建基於它怎樣轉化非裔美籍女人在地上的生命。盼望變成勇氣之源，令人可以在今天忍耐，並且使為更好的明天努力具體。這盼望讓非裔美籍女人放下受害人身分，變成有能力的器皿，擁有及施予生命。這盼望推動女人超越那叫喊，鼓勵他們追求個人及社羣的潛能。盼望不單是社會心理學的應付方法。它是神學性的；紮根於信心，由克勞福德提及的抵抗壓迫的「奇特福音」（“peculiar gospel”）得力。盼望繫於主耶穌，深深紮根於教會、家庭、社羣。它不是個一廂情願的想法。它是代表他們自己、其家庭及社羣而作的行動，真的希望盼望將會在今生及未來的生命實現。基督那個標誌「困難總會過去」的空十字架，是叫喊裏的盼望的重要代表。[23]

神學家法利（Wendy Farley）在她的當代神義論裏，集中研究類似的盼望意識。[24]歷史上，基督教一直掙扎要理解：信仰堅持世界是由恩典及大能的神所管理的，而同一個世界裏如何又遍佈罪惡及苦難。這在重大的苦難裏最顯而易見，不能以「人類犯罪就無可避免地承受罪的結果」這簡單概念來簡易解釋。重大的苦難見於破壞人心靈的犧牲裏，是一點也不可以理解為人應該承受的。重大苦難是具體的，並不抽象。在置身的特定處境裏發生，是人親身直接經歷到的。不是暫時的苦難，或是為完成某個目標所必須承受的苦難。它不是個人行動的結果。它針對令人充分展現人性的那些東西，施以根本的攻擊。它是個襲擊，藉著侮辱及使人痛苦而「摘去」人類心靈，也使靈魂失去自我防衛的能力。它是無法治癒的傷口、一種絕望，使將來消滅、關係中斷、苦難的意義成空。在重大的苦難裏，「她（或他）成為一個習慣受苦的畸型生物，全部經歷都浸泡在苦難裏面，陷入痛苦之中。過去已逝去，而將來只會是現在苦澀的重複」。[25]顯然，法利的視野涵蓋非裔美籍女人的故事。她顯然包括因為有使人性喪失的精神病、肢體障礙及創傷而自殺機率高的人。

因為這苦難並不集中在個人的罪疚與罪惡，所以經歷重大苦難的人不能得到贖罪的救贖。取而代之，法利斷言只有憐憫才能紓緩重大苦難。憐憫是出於追求公義的熱情，使人不但在悲劇裏生存，更以主動地拒絕放棄人類的尊嚴，至死方休，公然反抗悲劇。「雖然死亡可能奪去我（或我們），但是我（我們）不會向那壓迫的交出人性。」抵抗的能力維持人類的尊嚴，使人可以獲得意義。抵抗有兩個形式。首先，通過要求改變的行動，導致苦難的狀況能夠被辨認出來和被對抗。這是顯而易見的，例如非裔美籍女人勇毅地存活，照顧下一代，把勝過眾多勞苦的盼望傳送下去。第二，抵抗可以是非常個人的。在人患上末期疾病、長期精神病或落入其他不能控制的環境裏，不讓自己或他人遭貶低或被當作不正常看待。在面對不能改變的徹底絕境裏，如此反抗需要尊嚴。人不抵抗，就可能被痛苦狠狠地擊碎，甚至因而自毀。

我們在願意「來看我」的神，及能夠體會別人的苦難經歷的人裏面，都發現慈愛，這是愛的表現，搗破重大苦難並賦予人勇氣。不止於態度或感情，它是有效的行動。慈愛要求人與苦難同在及抵抗苦難的破壞性影響。神不是個無能為力的神明，被動地感受我們的痛苦：祂深入苦難之中，安排克服苦難所需的行動及資源。神與人同受苦難，對抗所有破損生命的邪惡形式，當中顯明祂的慈愛。出埃及和基督的來臨均是個明證。基督事件別具威力：「藉著人與人之間的慈愛和公義，真實及有能力的神抵抗歷史裏的罪惡……藉著慈愛，那為恢復被邪惡及罪疚所攻擊的勞苦，增加了具創意的愛。這項工作其才能及榮耀之處，在於向已經背棄生命和自由，及已被這些恩賜所背棄的受造物，賜下生命和自由。」[26]

這是聖餐桌所象徵的當下及終末的盼望，是我們全都獲邀以同等的地位前往的。提及人類苦難的現實時，我們關顧的神學一定不可以否定終末的盼望。與此同時，它必須積極地尋找對重大苦難及邪惡的現今及歷史回應。沒有現在及立即的憐憫回應，牧者的關顧、安慰、盼望就會淪落為人在面對根本的苦難及不公義時，保持無動於中的藉口及一廂情願的想法。

非裔美籍女人的經驗，對重大苦難裏的盼望的婦女主義分析，並受到婦女經驗的女性主義分析所影響的神義論，都不是指向苦難裏的救贖，卻指向挑戰苦難裏的救贖。「我們不會敗陣；有戰勝邪惡的主耶穌幫助，我們不會敗陣。我們會見到，兒女及孫兒女生活的世界將與我們的不同。」這轉化的盼望由主動而聯合對抗侵蝕人類心靈的環境、人們、系統而體現。有了勇毅的盼望，自殺的絕望感及自毀就給打斷。

精神健康研究在細小得多的層面上顯示，對於慢性身體疾病、精神病、上癮或面對創傷性壓力——這些都是增加自殺機率的因素——的病患者，抵抗有效地支持他們。有些治療方法列舉出苦難的特性，並教導參與者及其家庭怎樣組成對抗的羣體；相比其他形式的幫助，在跟進裏，他們的康復情況明顯較佳，生存率也較高。[27] 多數成功的治療計劃都包括一些社會行動主義（social activism）的形式，以削弱疾病對身體及社交的影響力。例如，多數創傷康復計劃都鼓勵傷者尋找積極方法與他人同行，並且保護對方免受可怕的創傷傷害，以此幫助他們自己康復。本地精神健康協會贊助舉行抑鬱症檢查日，而自殺尚在生者安排教導公眾預防自殺。

積極的抵抗或反抗是牧養關顧的重要立場，保護身處危機者免受環境影響而自毀。這可以透過牧養輔導、門徒的身分、宣講及教導，在會眾裏活出來。牧者可以幫助個人辨別不該受的苦難，並且把他們與已經積極投入抵抗的人和羣體連結起來。這可能包括本地醫院為長期抑鬱症患者設立的心理－教育計劃（psycho-education programs）；也可能表示，為不斷增加的、患上偶發性或長期抑鬱症的會友設立小組。

使對方作門徒也可以是反抗的重要地方，尤其是以會眾間師徒制進行。在安全而持續的關係裏，教牧領袖可以幫助抑鬱或有自殺危機的人尋找宗教資源及個人屬靈框架，對抗危害生命的過程及衝動。

宣講及教導

最後，牧養關顧可以在宣講及教導上佔有更中心的位置。教會年曆可以使人注意人類的苦難怎樣與作門徒及會眾生命交接。這是福音的核心。在講道及課堂裏，可以使用基本的聖經主題，如出埃及、在巴比倫流亡和耶穌的事工，強調神在人類歷史裏的臨在，以及合作抵抗怎樣改變苦難的情況。宣講這些主題，可以使會眾關注關顧的行動，並且在面對重大苦難及自毀的人裏面培養勇氣。這些講道主題也提供重要的機會，表達有關支持健康的神學。這可以包括一些課堂，強調抵抗的合作的神學，突顯團體裏共同生命的保護及治療網絡的影響力，並突顯基督徒羣體為人探討福音性盼望的重要性，就是為那些必須應付精神病患者，或應付其他很少察覺、很少能夠實時控制的情況的人。

4

對自殺身亡的回應

星期六，剛傍晚，電話響起。「牧師，我與珍妮（Jenny；一名會友）在一起。她下午放工回家，發現丈夫死了。他向自己開槍。緊急醫療服務隊和警察都來到這裏。她不大好。你可以來嗎？」牧師接聽的電話，很少比這通更難應付。自殺引發一連串問題、行動和結果，都是牧養事工裏特有的。它與突發的意外死亡或死於暴力迴然不同。它是個選擇，永遠改變那些留在世上的人的將來，把尚在生者立即推進情緒漩渦之中，深刻地與個人、忍受羞恥、宗教、及公眾有關。牧者必須準備好回應有關自殺的複雜的悲痛，事件所引發的獨特的宗教問題，並社會對自殺恥辱的奇特看法。要回應自殺事件，牧者需要掌握一些危機管理的技巧，並且明白自殺的長期影響。自殺將對會眾有深刻影響，需要提供神學方面的回應。一個自殺身亡個案衝擊牧者、尚在生者和會眾，使他們進入為保存生命必須的行動與反思*的過程，並為可怕的事件找出個人及神學上的意思。

---

* 參第二章描述的釋放性實踐及詮釋循環。

危機管理

自殺身亡事件給自殺者的家庭、朋友、及社羣帶來當下的危機。要即時回應家屬及穩定可能一觸即發的情況。自殺事件後尚在生的家屬突然間失去了一個家人。他們也可能要面對有關緊急程序、警方調查，及不太同情自殺者的、不敏感的專業人士，因而受到第二重的創傷。

危機的定義是人處於超越他／她能應付的情緒悲痛狀態。[1] 不作介入，危機可以造成嚴重的精神錯亂及帶來生命裏嚴重的後果。危機介入的模型集中於幾個共同目標：

- 快速地緩和危機經歷的情況，以防止情況愈加變壞；
- 至少把情緒及身體功能恢復至危機前的水平；
- 促進成長及經改良的問題解決方法；
- 辨認帶來負面的後果，如自毀行為、心理或身體上的疾病，或關係瓦解的潛在危險徵兆。

根據危機理論，介入是直接進行的；是實質的支持及行動，針對事發的時刻。它是為制止身體及情緒崩潰而建立的，盼望將來的成長。

危機介入及信仰問題

雖然危機理論對事工重要，但是沒有神學基礎，它是不足的。危機關顧深深植根於猶太－基督教歷史及基督教事工。神回應園中的亞當及夏娃，先知回應個人及國家危機，耶穌回應客西馬尼園裏的彼得，這些例子都表達一個主流的主題：當人類的生命亂七八糟時，神是關心的。這些事件往往激發出涉及意義及信仰的深刻問題。教牧神學家葛金（Charles Gerkin）觀察到，危機迫使人在三個不同層面上檢驗自己的信仰。[2] 第一，危機是個不能逃避及要求人作決定的情況。第二，這決定一般涉及面對此情況時要生存還是死去。第三，這情況是「重要的」。關於終極重要性的問題差不多都出現。自殺的特別情況產生即時及現存的困難，使人面對涉及終極意義那不能迴避的問題。任何只是限於改善處理技巧的介入都是不足的。牧者必須注意到埋藏在尚在生者的經歷裏面的基礎神學問題。葛金認為：「危機事工不但關注恢復人們重投生命經歷的正常流向，也關注按照神的目的和諧地轉化生命。因此，盼望及期望成為危機事工的立場的主要成分，而對隨危機經歷而來的苦難現實的開放，也是一樣。」[3] 自殺危機事工意指，以詮釋該事件象徵的信仰意義，平衡心理生存。

詮釋基督教信仰與自殺的關係並不容易，並沒有明確的經文可供參考指引。其中一個首先出現、有關自殺的較清楚聲明，是由四世紀牧養上的關注所產生的。當時，奧古斯丁擔任主教的牧養角色，他要面對一羣信主的女性預料會被姦污，為免變成不潔而作出結束生命的決定。他的回應是雙重的。第一，他排除了殉道式自殺的動機——地上沒有一樣東西可以污衊信徒以致神也不能潔淨。奧古斯丁持第二個神學立場。聖經沒有特定地譴責自殺，亦沒有使之合法。身為聖經的權威，他把「不可殺人」的誡命詮釋為聖經裏反對自殺的隱含命令。這詮釋一直是神學上有關自殺方面的指引，直至亞奎那對此課題提出較為有系統的處理方法。在《神學大全》（*Summa Theologica*；2～2）裏，亞奎那宣告，所有生物都盡力生存，故此，自殺有違自然法則。第二，自殺不只影響死者，也影響整個社羣，故此，損害人類的社會責任。第三，自殺是個罪惡的行徑。它實質上僭越神決定人何時生或死的權威；也是個邪惡的行徑，因人藉此避免人類苦難中較小的邪惡。最後，亞奎那總結自殺是最可怕（及不可原諒）的罪惡，因人不能在自殺身亡後悔改。亞奎那對自殺及基督教信仰的詮釋，對有關自殺的基督教思想影響甚大。自殺者的絕望感已經不朽，例如，在但丁（Dante）的〈地獄篇〉（*Inferno*；自殺身亡者居住的第七層地獄是在殺人者及貪婪者之下）；教會的教義裏禁止自殺者埋葬在天主教神職人員聖化的墓地裏。

雖然新教神學家並沒有宣告自殺是不可寬恕的罪或限制埋葬，但是奧古斯丁及亞奎那的道理卻拼入了宗教改革的神學之中。威斯敏斯特小教理問答緊依奧古斯丁的看法，表示「第六條誡命禁止人不公平地取去自己的生命，或鄰舍的生命，或是導致這樣的事情」。相似地，潘霍華顯示出新教保留了亞奎那對自殺的概念——斷言只有神有權決定生命的終結。只有神知道生命的目標，而且是其意旨引領人達到目標的。在任何情況下，自殺都是違反神心意的：「縱然人在地上的生命成了一種痛苦，但是他必須將之完整地交到賜予生命的神的手裏。」[4]

近年來，天主教會對於把自殺當作不可赦免的罪的神學，作出修訂，而新教神學家繼續探討自殺裏的自我導向、罪、和饒恕的細微差別。然而，這歷史——及但丁的描述——已深藏在基督教羣體的集體意識裏面。在多數自殺事件裏，牧者必須注意這事實，這是回應危機及持續關顧之中需要深思熟慮的部分。基督教人士會因為自己內在的神學、對基督教歷史的殘餘認識，或別人不敏感及見識較少的神學看法，而要面對他們摯愛的死亡是「不可寬恕的罪」。平定自殺危機將意指，帶著敏感的恐懼接受自殺怎樣影響摯愛與神的關係及其永遠的命運。紓解危機的心理需要，或是簡單的保證——套用使徒保羅的説話（羅八 35、38～39），甚麼能夠使我與基督的愛隔絕呢？我相信，生存或死亡裏沒有任何東西，沒有看得到或看不到的能力，過去或將來裏沒有任何東西，所有受造之物裏沒有任何東西，可以使任何一個神的孩子與神在基督裏的愛隔絕。與此同時，敏感的牧者也會承認，自殺一類的事件常有力地把牧者、尚在生者及會眾羣體推向更長的詮釋過程之中。可以繼續使用詮釋循環，把新意思整合到個人及會眾的故事之內。

自殺危機可能引起其他重要信仰課題，是必須當作要紓緩的一部分。摯愛自殺死去，對作為日常處事基礎的神的形象，可以造成威脅。例如，應當看顧及保護摯愛脱離傷害的神在哪裏呢？堅信所有事件時刻由神控制——或都是為了神得到更大的榮耀而發生的尚在生者，或許發現自己對神的基本信仰動搖了。對在自殺事件中同時失去摯愛及自己對神的概念的人，提供紓緩是尤其困難的。在這些環境裏，紓緩的意思很可能是，密集的牧養性同在及支持，不嘗試回答情緒上使人無法承受的問題。萊斯利 · 湯森（Leslie Smith Townsend）的牧養性同在的四個階段[5]可以提供幫助。與其嘗試回答可能使人情緒更不穩定的問題，牧者可以體現基督的臨在，透過：

- **聆聽**。牧者的工作是要創造自在的空間，非論斷、關懷地同在，鼓勵對方剖白。在這安全的環境裏，積極地聆聽有助牧者聽見牧區信徒的全部經歷。聆聽意指聆聽每個字詞，注意表達意思的場景性因素（contextual factors），例如聲調、眼神接觸、面部表情，或字詞的上下文。
- **想像**。在這個階段裏，接收尚在生者所表達的字詞及情緒，並且設身處地想像對方的情況。牧者必須放下情緒上與那自殺事件的安全距離，代入牧區信徒的位置。想像摯愛自殺離去是怎麼樣的。想像失去寶貴的神的形象是怎樣的。想像自己不能找到神對自己或死者的愛。如此想像，可以全面地認識對方的經歷。想像並不受到語言所限，使我們動情地打從心底體會尚在生者不能傳達的絕望。不少牧者認為這種經驗太過不舒服，所以避免這個連繫的階段。
- **同理心**。想像預備人進入同理心的階段。通過想像更認識另一個人的經歷，可以產生兩種結果：專注於牧者本身的職分，或牧者找到與尚在生者共同的立足點，從而意識到共通人性。專注於職分會使牧者的回應短路。當牧者遇到自己容易受傷之處，這些就會取代尚在生者的經歷，成為焦點，而短路就發生。例如，想像配偶自殺喪生，可能再次喚起失去摯愛的經歷，或者促使人恐懼失去深愛的家人。人沉溺在自己對死亡的恐懼或悲傷之中時，很少有同情別人的空間。準確的同理心，容讓我們在共通人性的位置上，觸碰自身人性容易受傷之處，並且進入別人的經歷世界之內。同理心是情緒上的手牽手行動，大家一起凝視相同的悲傷深淵及知道解決的辦法不多。

- **連繫**。牧養性的連繫（pastoral connection）是前三個階段的結果。說話並不重要。當尚在生者知道有人聆聽、明白、在可怕的旅途上相伴時，連繫就建立。連繫一般是靜靜的。連繫的表現，可以是簡單地在沉痛者旁同哭；對尚在生者說一兩句表示關心的話；有時候為對方作簡短禱告，表達運用同理心下對該經歷的理解。連繫一般並非指提供快速及病態的安慰或努力，去改變家屬對於自殺的意思的想法。紓緩危機的牧養性同在較像與逃避十字架、悲傷的門徒同走，或在耶穌的屍體下面與馬利亞同坐，而不是參與往以馬忤斯路上有意思的神學談話。那程路必須留待之後走。

危機介入：解說

牧養性同在也形成解說的基礎。這介入鼓勵尚在生者重提他們的可怕故事。說出經驗有助尚在生者應付衝擊，確立事件的實情，並開展漫長的整合過程，把該事件、事件的意思整合至尚在生者的生命故事之中。這過程可能長達數小時、數天或數星期；*可能在自殺發生後的那幾個小時及幾天裏重複。尚在生者的情況會波動，有時否認（這不是真的！我很快會從這個噩夢中

* 如果在幾星期長的時段內，尚在生者強迫性地重複或增加解說的談話，就要轉介他們接受精神病評估。

醒過來。），有時因為撇除所有抵抗失去之痛苦的心理防範，突然無比清晰；透過文字表達那失去的故事，給他們穩定下來的中心點。此過程不可以更改，一定不可被好意的回應截斷——為減輕否認或崩潰的情感價數（emotional valence）的。牧養關顧體現神臨在於人類經歷的深處，必須能夠聆聽在言語上、情感上、身體上表達的整個痛苦故事。解說准許尚在生者從否認及絕望的兩個角度，講述及再講述其失去的故事，從而再次詮釋其經歷。這工作要求密集的牧養性同在，是長期及投入大量心力的。良好的判斷也是需要的。牧者必須有充足地同在，細聽其故事及給予支持，亦必須夠敏感，以免打擾人，或鼓勵無益處的倚賴。

自殺產生特別的情況，需在解說裏提供特別關顧。在一些個案裏，宗教及個人意義迫使人否認摯愛自己結束生命。與宗教意義連帶著的，自殺盛載個人遭拒絕及失望的多重社會意義。在這負擔下，尚在生者或許不接受自殺個案在醫學及法律方面的結果。這種否認（有時面對一面倒的證據）可能是默然堅持當局弄錯，以至遷怒於無法找出摯愛的死亡「真相」的系統，或妄想有人陰謀掩飾「真正發生」在摯愛身上的事件。在這些情況裏，牧者到來就是要促進紓緩情況，及把失去的結果整合到尚在生者的故事裏。牧者不是要說服尚在生者接受一個自殺的決定。企圖令尚在生者不再否認或勸勉他們最好接受自殺個案已成事實的談話，可能防礙牧養性同在，及阻礙之後的靈命成長。如果尚在生者強烈地否認，危機管理不能控制，或嚴重妨礙其日常運作，牧者應該轉介他們予牧養輔導員，或其他心理健康方面的專業人士進行評估。

有些自殺個案裏的尚在生者發現摯愛受損的身體，感到十分恐懼，或會受到很大的創傷。解說可以包括聆聽令人不安的死亡細節，幫助牧區信徒以言語表達難以言述的想法，並且就預期出現的感受、回想及身體反應，為受創的尚在生者提供資料。遇到這種新創傷，處理得當的牧養性同在是不帶著焦慮地與牧區信徒「同坐」，可以避免他們心靈的大船撞到清醒的岸邊的大石。在一些個案裏，可能需要精神病科的轉介，使用藥物治療控制強烈創傷所造成的身體及情緒上的影響。

結束自己生命者的家屬及密友往往經歷尚在生者的強烈罪疚感及失敗感。「為甚麼我沒留意會發生這樣的事呢？」或「為甚麼我沒有更認真地看待他患抑鬱症呢？」這類問題往往表示危機正在升級。解說一般能讓人從這罪疚感及失敗的循環安心和紓緩。沒有人能夠完全知道別人的想法，或預計別人的行動。

危機介入：組織資源

危機管理也可以採用非常實質及具體的形式。尚在生者也往往暫時失去家庭。當自殺者在家裏死去，家屬或不能在調查完成或死於暴力的殘留物被移走之前回家。人往往不能返回配偶或孩子結束生命的居所。牧者可以介入安排，組織資源，給他們安全的地方暫時居住。有些自殺個案或許特別複雜，需要牧養關顧以外的資源。此外，有需要的時候，牧者可以動員律師保護尚在生者的權益，以及動員醫生和社工。最後，牧者可以幫助保護尚在生者，以免他們獲悉自殺事件或其他嚴重損失後，衝動地作出影響生命的重大決定。在損失後的一段關鍵性時間裏，牧者往往是最獲得信任的關顧者。感到生命將永遠改變或已經完結了，這都是很平常的。非理性的思想可能促使尚在生者作出戲劇性的行為，例如終結事業或婚姻，衝動地做財政決定，或做涉及自身健康及將來的決定。牧者可以藉持續地陪伴牧區信徒，勉勵他們在知悉嚴重的危機時不要輕舉妄動，並且把他們轉介予可靠的顧問，幫助他們處理可能自毀的決定。

雖然紓緩聽起來好像是直截了當、線性的過程，但切記人類的回應絕少如專業人士所料一般。現實上，危機與紓緩循環地發生，自然地進退。葛金[6]及其他理論家提出，在意識於接受及否認之間游移不定的交替狀態裏，解除危機過程進行。根據這看法，牧者可以預期危機的紓緩方式是不順暢及不連貫的，康復過程不是流暢和線性的。實際上，牧區信徒可能有相對地「康復」的時期，期間卻會不斷反覆，情感再次退到危機經歷裏的極度痛苦。尚在生者需要被鼓勵暫延為自己作判斷，要給予自己空間和時間弄清基本上無意識的經驗。

不一定要在危機介入的首兩個目標（紓緩及恢服情緒及身體功能）達成後，才接連採取第三及第四個目標（促進成長及辨別預示自毀行為、心理或身體疾病，或預示關係性崩潰的標誌。）。反之，首兩個目標的行動裏隱藏了這些後面的目標。紓緩及恢復所著眼之處是，介入方式怎樣促進將來的成長。舉個例子，牧養性同在及對神學上的詮釋的仔細關注，都是達成此目標的關鍵。在紓緩危機的時候，幫助牧區信徒進入釋放性實踐的始初階段，也有助在危機平息時建立在個人方面及屬靈上成長。在危機介入過程之中，牧者必須留意可能造成負面結果的潛在心理問題。有些時候，無論介入方式安排得有多好，尚在生者會在情緒及心理的重負下崩潰。牧者必須準備妥當，以提供合適的轉介，或協助安排住院作回應。牧者也必須明白，尚在生者也有自殺的危險。在自殺事件後的幾個月裏，監察尚在生者的絕望情緒及有沒有構成自殺觀念，是介入的第四個目標的重要部分。

為清晰起見，我一直把危機介入描述為涉及一個尚在生者的過程。在獲悉自殺個案的情況裏，很少是這樣的。一些家屬、朋友及會友可能消耗甚至耗盡牧者的時間和情緒。組織牧養性回應的系統，不單有賴資深的牧者或提供牧養關顧的神職人員，也靠賴其他能夠回應的已受訓員工及信徒領袖，這是重要的。危機是自然而然的。牧者可以訓練有恩賜的牧區信徒回應牧養關顧的危急事件，為這些情況作準備。如果會眾未曾建立這種事工，牧者可以召集有恩賜的教會領袖，協助回應自殺個案的緊急情況。這些信徒傳道（lay ministers）應該在情緒上健康，足以應付嚴重的憂慮狀態；靈命成熟，足以作出謹慎的判斷及處理有關信仰的問題，並有能力聆聽、想像、同情、與人連繫。對於與尚在生者的談話，他們也必須一直絕對地保密。團隊應該會面，勾勒危機介入的目標（紓緩危機、恢復情緒及身體功能、促進成長及解決問題、辨識危險的徵兆），巧妙地回應涉及該自殺個案的問題，及討論介入的策略。在一些個案裏，牧者可能感到江郎才盡，或對組織關顧團隊感到不自在。大部分羣體都有合資格的醫院院牧或牧養輔導者，幫助指導團隊的工作過程。

自殺之後的喪禮一般標誌從危機管理過渡到跟進關顧。喪禮的計劃使失去摯愛的事實更顯真實。處理死亡的細節使人無法否認，也重新挑起神學方面的問題。這些都為往後解除危機及反思信仰的機會，打開一扇窗戶。計劃安息禮拜時要分外留心。家屬可能困在否認及絕望的掙扎的深處。有些人可能仍未接受往者已矣。其他人會在背叛、罪疚和羞恥的感覺裏掙扎。多數人會對喪禮的影響感到焦慮。當使用禮儀、悼辭、講道描述自殺者之死時，自殺一事就變得非常公開。這些都是詮釋的事件，並且是家庭及羣體敍事的一部分。

在決定自殺者的生命該如何受尊敬，以及如何描繪這死亡的過程裏，必須包括主要的家庭成員。建立了良好的牧養性連繫，提出簡單問題，如「關於沙倫（Sharon），請問你想我說甚麼？」、「有沒有甚麼事情你一定要我說？」或「有沒有甚麼事情你肯定不要我說？」，突顯他們可能認為是期望、反叛或羞恥的地方。討論這些問題有助建構支持性的安息禮拜，免去不必的公開羞恥，為將來的關顧界定關心的範圍。就禮儀及悼辭，應尊重主要家庭成員所定的界限。家屬就透露自殺事件上意見分歧時，牧者必須代家屬裏最脆弱的人著想而犯錯。喪禮並不是個挑戰否認自殺事件的人的場合，或是堅持向公眾說出真相作為治療的地方。與此同時，安息禮拜的場景必須貫融一致，足以讓自殺個案裏自覺的尚在生者感到安慰及有盼望。

跟進關顧

處理即時的自殺危機後，往後的牧養關顧，就會專注於康復。這一般是指在幾個月或幾年內，進行較不密集的介入。尚在生者必須協商康復的整個過程，包含情感、關係和靈性調節的。個人及會眾的敍事必須得到重寫，以救贖的方式把自殺併入生命的故事之中。個人的康復及會眾的康復是有關連的。找不出自殺的意思或將之整合在其故事裏的會眾，甚少能夠為個別尚在生者提供情緒、靈性或神學性反思上的幫助。同樣，不能超越否認、絕望、罪疚和羞恥的人，可防礙會眾的康復。關顧必須是個多層面、動態、對話式的過程，其中保持與個別尚在生者的對話，指導會眾以正常程序達致羣體的康復。

個人及家庭的康復

與自殺者來往甚密的人往往需要直接、密集的幫助才會康復。多數應付摯愛離世的牧養關顧進路是圍繞羅斯（Elizabeth Kubler-Ross）[7] 的五個悲傷階段安排的：否認與孤立、憤怒、討價還價、抑鬱、接受。雖然這些進路都有用，卻未能有助於與自殺有關的創傷的康復過程。

在過去二十年裏，臨牀醫生發展了一些使創傷復原的方法。多數方法都不適用於牧區的牧養關顧。然而，兩個以康復作為屬靈過程基礎的模型，提供有助建立牧養事工的進路。葛金[8]的危機模型把康復固定在製造意義的神學過程之中。尚在生者必須在失去親人後繼續生存，在猶豫於接受及否認這失去之間，他們於自身的生命及死亡中尋找意義。多個罪疚、憤怒、羞恥的主題，涉及神的令人痛苦的問題，最終都回歸到特定的嚴肅的中心──尚在生者的失去的故事，怎樣與他們對關係到神及其他人的生命的理解交接？這事件怎樣重構對自我及屬靈意義的意識？對於尚在生者來説，神的愛及耶穌的故事會怎樣隨之改變呢？刻下，我生命的故事是甚麼呢？這重覆及建基於神學的否認與接受的循環，遍及創傷康復那情緒及心理上的過程。

因受這否認與接受之間的擺動激發，尚在生者可以期望成功通過幾項康復任務。專門研究創傷的精神科醫生布蘭達（Joel Brende），開發了理解康復工作的十二個主題模型。[9]獲得院牧幫助，他的進路建構在為人熟悉的十二個步驟的框架之上；其中有認真的屬靈重點，是為非臨牀場景的使用而設。透過修改模型以切合尚在生者的情況，牧者能想像在下面十二個工作或主題裏，康復過程以不順暢、迂迴方式進行。

- **力量對受害**。尚在生者必須承認，他們沒能力阻止摯愛自殺。他們也不能改變自殺個案對他們及他們摯愛的影響。屬靈任務：尚在生者必須在神裏面，而不在自己裏面，獲取力量，使他們肯定自己存活下去及從摯愛離世中康復過來的意義。
- **在生存裏尋求意義**。被遺棄在創傷裏，可以帶來極度痛苦。知悉自殺事件的時候，容易會失去人生的目的。單單生存下來並不足夠。屬靈任務：人生沒有清楚的目的，就沒有甚麼意義。所以，尚在生者必須尋找存活下來的目的，及學習向那位引人朝向更新目的的神保持開放的思想。尚在生者必須學習反對那些透過埋沒人生意義而使人失去人性的內在及外在因素。

- **信任**。自殺經常令人感到自己被背叛，破壞人對其他人、自己和神的信任。尚在生者一般不相信自己的感覺、看法和行為。屬靈任務：學習相信神關心尚在生者的安好，並且藉著希望提供幫助的朋友、牧者、專業人士關心他們。
- **自我盤存**。康復需要持續的自我檢查。尚在生者必須坦誠地評估自己對自殺悲劇的正面回應，及經歷裏的「黑暗面」，如未解決的不滿、責備或憎恨。屬靈任務：尚在生者必須估量自己的指導性思想、情緒和行為，作為向神的禱告及崇拜。必須在神及一個信任的人面前承認其中的正面及負面成分，決心採納正面的，並且在神及他人的幫助下，努力改變負面的。
- **憤怒**。尚在生者一般是憤怒的。因為憤怒容易表露出來及辨別得到，往往遮掩其他仍未表露、更隱藏的感情。因此，憤怒可以變得具破壞性。康復的意思是控制憤怒具破壞性的一面，學習了解其他可能隱藏在憤怒後面的感覺。屬靈任務：尚在生者必須承認對神及放棄和背叛他們的人發怒。他們必須尋求神及信任的人幫助，控制具破壞性的怒氣，並具建設性地排遣憤怒。
- **恐懼**。尚在生者一般面對持久的恐懼，懼怕損失更多、遭揭露及未知的將來。康復的意思是，學習理解恐懼的來源及徵狀，接受恐懼是正常及合理的，控制恐懼裏限制生命及破壞自我的元素。屬靈任務：得到神及其他信任的人幫助，尚在生者必須學習名狀恐懼，反對那些掠奪生命、使人失去人性的衝突，就是磨蝕靈魂及扼殺生命力的。

- **罪疚感**。尚在生者一般因為與自殺者的關係欠佳，或是認為保護不到死者，而承受破壞性罪疚感。他們可能也對神、死者及死者為尚在生者的生命裏帶來的痛苦，有極度負面的感覺，因而內疚。屬靈任務：尚在生者得到神及信任的人幫助，必須揭露隱密的罪疚感，說出自我寬恕的需要。他們必須學習倚靠神，從中得力，抵抗防礙他們得著所需的恩典去寬恕自己的，內在及外在力量。
- **悲傷**。家屬一般受困於複雜的悲傷過程之中。羞恥及複雜的罪疚感及恐懼驅使人孤立自己。遠離重要的朋友及牧者，使眼淚和重建性的談話給截斷了，就是那讓人記起所失去的，也建構和生命的新故事，述說生命怎樣忠實地繼續下去的。屬靈任務：家屬必須轉向神及其他信任的人，悼念自殺者的死，及他們與自殺者一同死去的一部分。這需要他們面對痛苦的回憶，接受眼淚為神所賜醫治的恩賜，為神並基督徒羣體來到能醫治悲傷，心存感謝。
- **自殺對生命**。尚在生者通常與抑鬱症長期打仗。他們或許認為，加入自殺者的行列會比較好。康復的意思是實實在在地面對自殺的後果，學習相信關顧者希望他們存活下來，抵抗計劃了結生命的衝動。尚在生者必須決定，摯愛的自殺將會多大程度地主導他們的生命。屬靈任務：尚在生者必須向神和信任的人承認懷有自殺的念頭、計劃及期望。得到神、其他人及可能需要的治療的協助，他們必須變為對生命負責，及堅持更新的意義。得到神及朋友的幫助，尚在生者必須面對平日受自殺消耗的生命部分，努力追求迸發生命力的平衡。

- **不滿對寬恕**。尚在生者不能控制摯愛選擇結束生命。自殺身亡者通常把尚在生者的生命弄得亂七八糟，使他們氣忿難下（有時甚至是憎恨）。他們可能對沒有面對過自殺個案的人也感到不滿。不滿或許深藏在罪疚及恐懼之下。對自己及其他判斷的恐懼可能使人永遠不把不滿說出來。屬靈任務：尚在生者必須向神及信任的人承認懷有不滿的情緒。養成的不滿是有助憎恨滋長的，可以損害尚在生者及他們身邊的人的靈性。他們只要把不滿說出來，就可以克服、棄絕它，以至寬恕及恰當地憤怒，並且將之整合至尚在生者特定的救贖故事之中。
- **尋找目的**。自殺個案可以奪去尚在生者的人生目的。沒有有意義的方向，人可以在悲傷、絕望、不滿之間不斷地兜轉，有時候直至憎恨自己。尚在生者必須在生命裏找到更新的目的，是把親人離世整合至新生命故事中的。不少家屬轉向法利所稱的勇毅，提倡防止自殺、舉辦支持自殺者家屬的小組、分享他們的故事等等。屬靈任務：獲得神及信任的人幫助，尚在生者尋找自己是誰及為甚麼會在這裏。根據自殺所造成的損失，他們必須尋找神對他們的新生命的方向，並且發現尚在生者這角色怎樣在這個方向發揮作用。

- **愛與關係**。布蘭達提出，在創傷後僅僅存活下來並不足夠。隨之而來的是強烈的黑暗，遍滿尚在生者的靈魂。取而代之，愛必須引領人離開這陰影。愛需要行動。惟有愛可以令受創的尚在生者克服常纏繞他們的憤怒、不滿、悲傷和無目的感。愛融合了經驗，並且將之呈現於治療及連繫之中。屬靈任務：尚在生者必須向自己以為理所當然地愛自己的人忠誠，幫助好像自己一樣正在受害的人，尋求神的力量去愛一直不能愛的人。

協商這些主題並不是個循序漸進的過程。尚在生者會在個別的主題（或一系列主題）——在特定時間地點及情況方面是重要的——之間迂迴穿行。這些主題很少「得到解答」。相反地，當尚在生者面對否認／接受過程的新面向時，這些主題會循環地出現。

牧者一般不會指導創傷康復小組或帶領治療，故此，這些主題的框架是有其用處的。首先，主題提供一個背景，讓牧者持續評估牧區信徒在康復過程裏身處的位置。哪些是現在常見的主題呢？尚在生者怎樣把一些主題而非其他的，整合至其個人、家庭和會眾關係裏？第二，這些主題為康復過程裏的神學反思及牧養性談話提供架構。牧者可以協助尚在生者道出關於康復和他們的屬靈任務，他們正面對的問題。關顧工作可以建立起來，例如，環繞牧區信徒在力量及受害方面的掙扎。這些各個種類的特定談話加深在牧養關顧裏的信任，協助解決否認與接受之間的兩難困境，並幫助尚在生者將摯愛離世的事整合至更新的及救贖性的個人故事之中。

兒童

兒童一般被人忽略，不被當作尚在生者。父母及其他好心的成人或嘗試保護年紀較小的，以免他們受自殺個案的現實傷害。這樣可以是以祕密籠罩死亡，讓兒童為其自身及他人的安全而焦慮。兒童知道的往往較成人以為的多。他們聽得見喁喁的談話及成人的猜測。兒童沒有資料，就任意想像，把自己的想法填進空白位置，根據不完整的了解下結論。兒童的危機是必須處理的，並且他們必須完全從創傷裏康復過來。兒童與成年人不同，或者不能用說話表達其思想、恐懼或情感的經歷。父母及牧者或不知道要告訴兒童多少資料，或應該向兒童解說多少涉及自殺身亡的內容。

兒童的牧養關顧有幾個形式。第一，牧者可以幫助父母作決定，向兒童揭露甚麼及怎樣揭露。作此決定時，必須顧及兒童的發展能力及性情。在多數個案裏，如果成人知道有家人或朋友自殺身亡，卻嘗試向兒童隱瞞，會適得其反。與此同時，關於自殺的細節或者令人吃不消，並且是對發展不合適的。在多數個案裏，父母應該告訴兒童基本的事實，並且以敏感的耳朵，聆聽他們情感的回應。例如，父母與七歲兒童的對話：

父／母：「梅根（Megan），喬（Joe）叔叔昨晚死了。所以我們哭泣，每個人都傷心。」

梅　根：「這是不是說他去到耶穌那裏？」

父／母：「是的。」

梅　根：（稍停）「他怎樣死的？」

父／母：「你可能會聽到人談到這事。喬叔叔自殺了。你知道是甚麼意思嗎？」

（梅根搖搖頭，表示不知道）

父／母：「意思是，我們都很不喜歡這意思，他殺死了自己。我們因此都非常難過。」

梅　根：「他為甚麼這樣做？」

父／母：「我不清楚我們有沒有人清楚知道原因。我們都非常難過。我們都會要花點時間適應沒有喬叔叔的生活。」

（梅根沉默下來）

父／母：「我知道，對你來説，這是新的。我知道，你現在不能弄清楚。我知道，你可能會有更多問題。我想你在任何有需要的時候，問我任何你想問的東西。我會盡力回答的。」

進行這種談話後，應該仔細地注意梅根的行為及所表達的情感。年幼的兒童尚未發展出表達情緒的語言，並且對成人稍微表露的情感十分敏感。如果身邊的成人表現焦憂或抑鬱，兒童也會有類似的回應。危機令基本關顧者的生命混亂了，或令身兒童在這擾亂中感到迷失。兒童的言語不足以表達內在的經歷，可能導致行為上的徵狀。這可能包括發噩夢、尿牀、對父母貼身的倚賴、發脾氣，或其他引起父母注意的、把他們呼喚到自己身旁的非言語的行為形式。當父母的基本育兒技巧因危機而受影響，牧者可以幫助父母詮釋兒女的行為。牧者也可以協助父母回答兒童有關自殺的問題，提供符合兒童發展的答案。父母或許也需要幫助去作決定，何時要為受到自殺餘波困擾的兒童尋求專業的幫助。

牧養性同在對兒童是重要的。然而，兒童跟身為會眾領袖的牧者，或許只有有限的接觸，也可能害怕主動的牧者。在這些情況下，兒童的主日學老師、兒童課程帶領者或青年主任都可能成為回應團隊的重要成員。這些領袖一般有與兒童溝通的恩賜，並且可能是會眾裏準備得最好以符合兒童發展的方法回應的人。

最後，牧者必須注意兒童從自殺創傷裏康復的長期過程。兒童跟成人相似，必須學習應付否認與接受之間的躊躇。他們在「主的教訓和警戒」下成長（弗六4），將要談論不少上列、同樣的康復主題。牧者及教會領袖必須記得，自殺的創傷會細微地影響兒童的正常情感及靈性發展任務。兒童在成長的過程裏，就是由兒童長大成較大的兒童、青年或青成年人時，將會需要一些機會，處理自殺這回事在個人及宗教上對自己的意義。

尚在生者的羣體資源

從自殺的傷害裏康復過來，不單是牧者與尚在生者之間的個別過程。它是個共同經歷的過程。治療包括動員社羣及會眾的資源，在康復過程裏擴展關顧。尚在生者可以經轉介接觸牧養輔導員或其他心理健康方面的專業人士，接受所需的療法。多數羣體提供課程給尚在生者，或設小組協助成人及兒童尚在生者處理此長期康復的過程。美國自殺學協會（The American Association of Suicidology）為尚在生者及關顧尚在生者的人提供不同種類的資源。*在線上的名冊裏，可以找到美國本地的支持小組。+一個國家組織為尚在生者提供支援資源及幫助其他尚在生者的機會。#牧者也可以訓練有恩賜的信徒領袖加入牧養性談話之中，並建構崇拜及會眾的生活以回應尚在生者的康復需要，擴大關顧的範圍。

尚在生者及會眾生命

一樁自殺身亡事件可以深刻地影響會眾的生命。自殺學家估計，相比意外死亡或因病猝死，受自殺事件負面地影響的人最少有十倍之多。會眾裏發生沒有預期的自殺事件，把深層的、一般是未宣於口的焦慮引進會眾的生命裏。善良的人知道會友結束自己生命這已公開的私事，會不知怎樣回應。會友不知道怎樣就一件被視為禁忌的死亡事件彼此傾談時，會眾對尚在生者及牧區內其他容易受傷的人的支持，可能未能動員得到。關於自殺的資料或許給人緊密地管制了。有時候，這是出於該家庭的要求；一般而言，它是會眾否認的形式。承認不能宣之於口的事已經在我們其中一個人身上發生，就是認為它可以發生在我們任何一個人身上。

會眾裏發生自殺事件時，牧者面對兩難的困局。他們必須平衡家庭對私隱的需要，及會眾獲取足夠資料以應付其否認及接受過程的需要。掩而不見的自殺事件傾

---

* http://www.suicidology.org/displaycommon.cfm?an=1&subarticlenbr=48

\+ http://www.afsp.org/survivor/groups.htm

\# http://www.survivorsofsuicide.com/index.html

向成為公開的祕密。它在地底下生存，具有生命力，可以作為有毒的成分，存活多年。它可以把人們隔離，為破壞性的謠傳搧風助勢，中斷救贖式反思。會眾把自殺事件造成的損失當作「正常」，就會窒礙自己的屬靈成長，使容易受傷的會友感到焦慮及有抑鬱的危機。充足證據證明，在任何羣體裏，自殺會提高人們「模仿」的傾向，影響別人自殺，成為一種現象。自殺的阻礙一旦移除了，羣體裏的自殺率就會增加。[10]

任何自殺事件發生之後，牧者要策劃長期及短期的計劃：怎樣處理自殺的資料，因事件受創傷的會友怎樣彼此關顧，並怎樣建構會眾生命及崇拜，藉以把事件整合至會眾的故事裏；這是重要的。這可以不同形式進行，視乎教會的大小、教會領導層的組合及風格、會眾間互動的種類及素質。若可行，重要的是，透過主要的（一般是固定的）會眾的崇拜、教導、團契表達關顧。這使神學反思變得正常，把創傷事件帶到崇拜的中心，減低尚在生者於會眾生命外圍參予創傷康復的專門程序裏被邊緣化的機會。如以下的案例。

伯朗家庭

五月，一個星期天早上，馬莎（Martha Brown）叩敲十七歲女兒蘇珊（Susan）的睡房門。那時正準備上教會。她聽不見回答，就走進房間，發現了蘇珊。蘇珊已沒有呼吸和心跳。房間的地上有幾個藥瓶。馬莎發瘋似地撥打九一一，為蘇珊做心肺復蘇法。當時，馬莎的丈夫布拉德（Brad）正在教會參加領袖早會。緊急醫療服務的人員到達之後收拾藥瓶，並把蘇珊送往最近的急症室。馬莎致電布拉德，兩人在醫院會合。蘇珊已不會醒過來。在到達急症室之前，她的呼吸系統已經停止運作最少一小時。急症室的醫生解釋說，蘇珊攝取了大量酒精，吞食了整個月份量的輕度癲癇症藥物。她詢問馬莎及布拉德是甚麼令她突然自殺。

幾分鐘後，利特爾（Little）牧師到達了。布拉德及馬莎待悉蘇珊已死，陷入震驚之中，牧師與他們一起。他打了幾個電話，安排當天早上的崇拜，並且為他們安排照顧年紀較小的兒女。在急症室裏，伯朗夫婦必須完成一些文件，而女兒自殺也使他們很難受，他們正試著應付。期間，利特爾牧師一直陪伴左右。他們沒有說甚麼話。馬莎時而不由自主地流淚，時而說：「不！不可能發生這樣的事！」布拉德啞然坐著，沒有反應，曾起來嘔吐一次。利特爾牧師握著馬莎的手，與她同哭。與利特爾牧師認識的院牧到達。他給予心靈上的支持及任何他所能提供的幫助，使醫院手續順利進行。院牧與利特爾牧師商議片刻後，就跟他們一起祈禱，然後專注地坐在附近的椅子上。過了一會兒，急症室醫生回來，停留了一會，說在領取蘇珊的身體之前，需要驗屍。這對夫婦需要跟停屍間安排領取蘇珊的身體，著手辦理葬禮事宜。佩里（Perry）院牧更詳細地向他們解釋醫院的程序，並且提供聯絡資料，以便跟進。

利特爾牧師與伯朗夫婦離開診症室的時候，發現幾個會友正在外面等候，要載他們回家。這日下來，牧師與一個有恩賜的信徒領袖陪伴伯朗夫婦及他們兩個較小的孩子。他聆聽、想像，表示同情，又與他們連繫，聽得出他們又大又深的痛苦。他謹慎地聆聽馬莎一再述說發現蘇珊的經過，也細聽布拉德自責沒有預料到蘇珊自殺，以減低危機升級的程度。夫婦兩人在徹底絕望及否認之間徘徊的時候，利特爾牧師坐下陪伴他們。利特爾牧師小心地留意著小孩子時而哭泣，時而死命地依附父母，時而看電視。在最初幾小時裏，他說話不多。後來，馬莎說她懼怕自殺使女兒失去神的看顧。利特爾牧師就與他們及他們的孩子談論神無條件的愛，及聖經應許沒有東西可以使蘇珊與神的愛隔絕。

因為關於蘇珊死亡的消息會快速地傳播開去，所以利特爾牧師撥出時間安排一次會眾的介入。他簡略地與馬莎及布拉德商議，問准他們與會友談論此悲劇。他們同意會眾應該已經知道蘇珊已過身，而她是自殺身亡的。此外，他們也同意，利特爾牧師應該勸阻對蘇珊的自殺動機的揣測。他會強調大家對蘇珊的死仍然所知不多的事實。接著，利特爾牧師接觸牧養輔導員及急症室的院牧。他請他們彼此商議，並且出席教會在傍晚舉行的危機解說會。兩人都同意了。教會領袖透過會眾的呼籲系統通知會友，將會在教會召開緊急聚會，與他們分擔有關蘇珊之死的資料。呼籲者最先通知青少年及他們的父母。

在聚會之前，利特爾牧師與牧養輔導員及院牧討論介入的目標。所有人都認為蘇珊之死的資料已經廣泛地傳開。在蘇珊死去的晚上，幾個青年見過她。他們知道，蘇珊在事發之前幾天分手，感到很痛苦，而癲癇症也令她感到灰心。星期六晚上，她喝了酒，垂頭喪氣地回家。團隊認為教會的青年很有可能呈現創傷徵狀及感染自殺風氣。父母很可能為孩子感到更焦慮，又因伯朗家親人死亡而同樣感受到創傷。年紀較小的兒童可能目擊成人及青年的悲傷，而產生自己的悲傷。很多或會因成人的焦慮而感到無助，不能夠提出重要的問題。為此，危機團隊決定分別與成人、青年、兒童見面。他們為幾項工作下定義：

1. **說出基本的事實。**伯朗家及教會經歷令人悲傷的損失。蘇珊死了。馬莎發現她倒臥牀上，並沒有呼吸。在醫院裏，她沒有復蘇過來。根據醫生的說話，蘇珊已經自殺身亡。
2. **定義介入會眾的目的。**該聚會旨在幫助會眾同渡危機的始初階段。基於共享的崇拜及屬靈生命歷史，這是互相支持的時間。
3. **解說危機。**將會向會友提供關於蘇珊的死及伯朗家安好的準確資料。團隊會儘可能回答任何問題，並且聆聽會友對蘇珊的生命和死亡的敍述及感覺。參加者會得鼓勵談及他們所聽到、所知道、所懼怕的事，及這事怎樣影響他們。
4. **告知參加者危機、創傷及康復的性質。**團隊會略述教友在蘇珊死後的幾天及幾星期裏，可能遭遇的一些普遍及有關創傷的經歷。不少人會感到震驚、麻木、憤怒或恐懼。有些人會嘗試索性不理會。多數人會對自己或摯愛的生命感到困惑，並且有時感到焦慮。兒童及青年可能有睡不安寧，從困擾的夢裏醒過來，對日常生活生出不解的恐懼，或產生與環境不符的情緒反應。成人可能會增加廣泛性焦慮、對家中的青年人過度警戒，或突然增加了一般的焦慮。任何年齡的尚在生者可能會產生抑鬱的感覺或腦海閃出蘇珊死亡的影像，這不罕見。如果他們未能處理這些徵狀，已獲指示可聯絡團隊隊員。

5. **回應宗教及神學的迷思或關注。**團隊會仔細地聆聽他們對自殺的宗教誤解，就是會使危機的紓緩或創傷的康復變得複雜的。除非在聚會期間有問題的陳述真的具有潛在的破壞力，否則團隊不會修正。取而代之，團隊會擬定需要在日後詮釋的神學主題的清單。聚會期間，團隊會著重神在危機中關顧的聖經信息，及神對蘇珊及她一家的愛持續不變。
6. **提供資料，以便需要時進一步求助。**團隊會派發一張印有利特爾牧師及幾個可以聆聽和安排轉介的信徒領袖的電話號碼。若需進一步談論蘇珊的死亡或關於創傷的惱人徵狀，參加者得到指示可致電他們。

團隊與會眾會面後，聚集討論他們的經歷及辨別出需要跟進的人。他們同意在往後一個月裏保持密切的聯絡，評估是否需要舉行進一步的會眾聚會。

在蘇珊死後兩天裏，利特爾牧師與伯朗家建構使人感到盼望的葬禮，以平衡悲慘的損失。葬禮中的禮儀及講道沒有強調蘇珊自殺，但是也沒有忽略蘇珊結束自己生命的事實。伯朗家在那篇講述盼望與損失的信息裏，編排了一篇悼辭，表達他們期望蘇珊的死亡是有意義的——或許，另一個青年知道蘇珊自殺身亡而懸崖勒馬。

在葬禮後的幾個月裏，利特爾牧師謹慎地與馬莎及布拉德保持接觸。他把他們轉介予自殺事件尚在生者小組，及轉介他們接受牧養輔導員的家庭輔導。此外，利特爾牧師繼續每週與這對夫婦見面。這些時段有助以十二個創傷康復的主題記錄他們家庭的進展，並且讓他們有機會說出這次經歷所帶給他們的宗教及神學問題。利特爾牧師也細心地注意會眾的進展。他明白，處理會眾的創傷需要全體的神學反思，及重溫社羣的故事。蘇珊自殺是令人激動的事，必定激發詮釋循環，去回答重要的問題。這些問題包括：會眾可以怎樣理解如此沉重的事件呢？這樁自殺事件怎樣顯示出之前未見的壓迫形式，是令人感到絕望及死亡的？福音就這種絕望傳達甚麼信息呢？會眾處理創傷及從自殺事件裏得到意義所需要的調節，福音有甚麼信息呢？自殺事件怎樣影響指導會眾的神學呢？蘇珊之死怎樣擴展我們對神及基督的福音的理解呢？蘇珊之死對會眾的將來和青年會眾的將來有何意思呢？

在蘇珊死後的那個星期裏，利特爾牧師會見教會的事工團隊。他開始釋放性實踐的循環，把蘇珊的死亡命名為「震撼人的經歷」；這個經歷開展了會眾的詮釋循環（見第二章，圖二）。小組討論他們自己怎樣掙扎在一個青年的自殺事件當中找出意義。蘇珊是個受人喜愛的年青人，一直活躍地參與青年小組。幾個關注自殺風氣傳染的父母，曾經詢問教會會怎樣幫助青年康復，並避免他們的自殺機率增加。事工團隊確認他們已經處於詮釋循環的第二個步驟。他們發現在這個處境裏，羣體的信仰資源並不足夠。借助神學資源處理新問題（第三個步驟）是有幾個形式的，並且要求幾個行動－反思的步驟，是在接下來的三個月裏採取的。首先，利特爾牧師會回顧有關自殺的經文及神學文獻。他也會與牧養輔導及院牧同工商議，以牧養神學及行為科學的資源，更深入地認識悲傷及創傷。利用所認識的，利特爾牧師會集中主講有關生命、死亡、自殺、康復的重要問題。他並不打算宣講「解答」，而是邀請會眾加入行動－反思的循環，以四個基本的問題開始：「我們怎樣可以明白發生了甚麼事？」「已經發生的事怎樣影響我們對神的愛的理解？」「在這樣的悲劇裏，我們怎樣互相關懷？」「我們怎樣從這個悲劇裏康復過來？」

利特爾牧師除了預備修訂的講道計劃之外，也安排在星期日晚舉辦談話小組。這小組的領袖會於事工團隊分享。小組會鼓勵會眾討論所經驗的，讓他們有時間苦思神學上的困境，也幫助他們監察自己在創傷裏的康復進展。小組會在每個星期舉行，作為開始的是：（1）利特爾牧師講道的一個重要主題；（2）相關的聖經經文供小組詮釋，或（3）對會眾的情緒經驗的反思，是涉及十二個康復主題或會眾的否認／接受過程的。小組也可以是形塑具體的關顧行動，並且進行反省的地方（詮釋循環的第三及第四個步驟）。事工團隊會仔細地聆聽身處其他情況的牧區信徒，幫助指導選擇主題，並在必須時修改行動－反思的過程。利特爾牧師也會與伯朗家保持緊密的聯絡。他向他們確保提供不間斷的個人關顧，並且向他們保證，會眾的回應沒有涉及重要的私隱，或減弱這家庭在羣體經驗裏的中心位置。

教會的青年是特別的關注對象。他們需要經過反思的過程，不過不可能參加星期日晚的小組。事工團隊同意邀請受過創傷解説訓練的牧養輔導員，帶領兩個星期的青年主日學課程。這課程會促進談話，也向成年導師示範怎樣聆聽青年的悲傷。這介入的另一個目的，是引發反思式談話。這會幫助青年領袖建構詮釋循環的第三及第四個步驟。在之後的三個月裏，青年主日學課堂（好像主日晚的成人討論小組）會環繞講道、經驗或經文所引起的重要問題作交流。青年領袖或委派的代表會把新的神學洞見帶到星期日晚的小組之中。兒童主日學的導師會在與兒童的互動之中，聆聽他們提及損失及恐懼的主題或有關自殺的問題。這些主題出現的時候，在課堂上會給提出來，並且帶到反思小組裏。

在這三個月裏，藉著康復的主題及否認／接受的循環，事工團隊得以仔細地觀察個別會友的進展。會眾一起反思合作，整合更深入的互相關顧的神學，擴大對神臨在於創傷性損失之中的理解（詮釋循環第五個步驟）。他們學習彼此談論深層的存在經驗，設法在面對不能理解的損失時，詮釋福音性。

回應與反思

這個例子為牧者及會眾可以怎樣回應自殺身亡事件，提供一個模型。與單一案例相比，實際上，會眾通常是較複雜及較不合作的。牧者很少能奢侈地在一個時間裏只處理一個危機；每天，會眾生命裏的煩瑣事都可以拖跨牧者的最好計劃。與此同時，必須有故意的回應及反思（輔以創意及彈性調和），才能引導會眾康復。最後，自殺康復是個持續、循環的過程。牧者必須留意，尚在生者及會眾會在死忌、婚禮、葬禮、畢業禮、嬰孩誕生時回憶起創傷。在整代的家庭生命循環之中，尚在生者在每個重要的生命遷變時，都可能需要特別的、與自殺有關的牧養關顧。

結論

書寫這書等於與牧者在牧區內談論自殺。那些諮詢的牧者都同意：在神學院或持續教育裏，沒有幫助他們回應會友自殺。這些談話有兩個明顯的主題。首先，回應有自殺傾向的抑鬱會友，是件令人害怕的事。牧者不確定他們對某個主動地考慮結束生命的人要負上甚麼責任。過度的反應，例如過早地請有關權威前來介入，可以造成混亂及干擾會眾。因牧者過度的反應而受辱的人可能感到被出賣，從而選擇孤立自己，不與會眾連絡。牧者若沒有認真地處理患抑鬱症的會友，則結果可能是死亡。這是個可怕的兩難局面。雖然心理學的轉介有幫助，但並沒有把當事人從會眾裏抽離或減輕那些與他一同生活的人的壓力。

第二，被召往某個曾經嘗試結束生命的人的牀邊，或有摯愛家人自殺身亡的家庭旁邊，牧者感到無助。基督徒怎樣談論自殺？牧者怎樣直接與某個曾經企圖自殺的人談論自殺，而不使他羞愧、不向他說教或不給予他虛假的盼望呢？牧者安慰面對摯愛結束自己生命的家庭時，怎樣處理相關的歷史性基督教教義呢？會眾怎樣提及其中一名會友的自殺事件呢？回應任何形式的自殺都不是易事。

在本書裏，我根據自殺連續體，為牧者提出實際及神學的關注。我沒有嘗試建構自殺的神學，或草擬牧者回應的標準手冊。自殺的情況變化多。在這書裏，我打算幫助牧者明白這自殺（念頭、企圖或身亡）在這時與這些人、在這會眾裏的意思。我希望這書提供解釋性的資源及反思策略，可以為會眾及尚在生者家庭將自殺轉化成救贖性的意義。

附錄：港台防止自殺資源

機構／網頁

香港

生命熱線

地址：香港九龍新蒲崗郵政信箱83350號

電話：（852）23822007

網址：http://www.sps.org.hk

明愛向晴軒

地址：九龍觀塘道五十號

電話：（852）23832122

網址：http://fcsc.caritas.org.hk

香港大學香港賽馬會防止自殺研究中心

網址：http://csrp.hku.hk/WEB/eng/index.asp

香港撒瑪利亞防止自殺會

網址：http://www.sbhk.org.hk

- 生命教育中心

  地址：九龍白田第三座二樓207～214室

  電話：（852）2319 1269

- 自殺危機處理中心

  地址：九龍白田第三座二樓207～214室

  電話：（852）2341 7227

台灣

行政院衛生署自殺防治中心

地址：100 台北市中正區博愛路 63 號 6 樓

電話：（02）2381-7995

網址：http://www.tspc.doh.gov.tw

馬偕醫院自殺防治中心

地址：104 台北市中山區中山北路二段92號5樓

電話：（02）2543-3535 轉 3680-3683 或 2523-6231

網址：http://www.mmh.org.tw/taitam/sudc

高雄市自殺防治中心

網址：http://khd.kcg.gov.tw/kspc

自殺防治網

網址：http://www.jtf.org.tw/suicide_prevention

書籍及其他資源

Bill Blackburn：《啊！自殺？！》。孫宇斌譯。台北：宇宙光，1999。

Shaw Christopher Shea：《自殺衡鑑實務》。陳秀卿、呂嘉寧、梁瑞珊譯。台北：五南，2006。

伍自禎、黃蔚澄、傅景華（訪問及整理）：《留給最愛的說話：自殺者家屬未忘書》。香港：突破，2007。

自殺遺孤編輯委員會、長腿育英會：《說不出是自殺》。陳寶蓮譯。台北：先覺，2003。

何定邦：《為自殺把脈》。香港：花千樹，2007。

呂欣芹、方俊凱：《我是自殺遺族》。台北：文經社，2008。

侯傑泰：《青少年自殺：特徵、防止及危機處理》。香港：中華書局：1993。

涂爾幹：《自殺論》。馮韻文譯。台北：五南，2008。

張包意琴：《脫困在一念之間：輔導自殺個案用沙維雅模式的臨床實踐》。香港：香港大學社會科學學院香港賽馬會防治自殺研究中心，2005。

陳俊欽：《搶救自殺行動：如何對向你表達自殺意圖的親友伸出援手》。台北：遠流，2003。

喬依納：《為什麼要自殺？》。朱侃如譯。台北：立緒，2008。

愛德溫．史奈曼：《解剖自殺心靈》。李淑珺譯。台北：張老師文化，2006。

瑪麗安．克魯克：《提防自殺》。林憲正譯。台北：新苗文化，1991。

鄭泰安：《媒體與自殺：自殺可以預防嗎？》。台北：台灣商務，2008。

蕊塔．羅賓森：《找回生命的答案：自殺親友的重建書》。胡洲賢譯。台北：麥田，2003。

謝永齡：《青少年自殺》。香港：中文大學，2000。

蘇珊．羅絲．菩勞諾：《向自殺Say No！》。楊淑智譯。台北：張老師文化，2002。

註釋

內容介紹

1. Albert Camus, *The Myth of Sisyphus and Other Essays*, trans. Justin O' Brien (New York: Random House, 1955).
2. Anton J. L. van Hooff, "A Historical Perspective on Suicide," in *Comprehensive Textbook of Suicidology*, ed. R. W. Maris, A. L. Berman, and M. M. Silverman (New York: Guilford Press, 2000).
3. 見 Plato, *Laws* IX in *The Collected Dialogues of Plato*, ed. Edith Hamilton and Huntington Cairns (Princeton: Princeton University Press, 1989), 1432。
4. S. L. Denker, "Suicide in the Hebrew Bible and the Rabbinic Tradition," in *Clergy Response to Suicidal Persons and Their Family Members*, ed. D. C. Clark (Chicago: Exploration Press, 1993).
5. Denker, "Suicide in the Hebrew Bible and the Rabbinic Tradition."
6. R. W. Maris, "Ethical, Religious, and Philosophical Issues in Suicide," in *Comprehensive Textbook of Suicidology*, ed. R. W. Maris, A L. Berman, and M. M. Silverman (New York: Guilford Press, 2000).
7. J. R. Willis, *A History of Christian Thought: From Apostolic Times to St. Augustine* (Hicksville: Exposition Press, 1976).
8. Willis, *A History of Christian Thought*, 69.
9. H. Anderson, "A Protestant Perspective Suicide," in *Clergy Response to Suicidal Persons and Their Family Members*, ed. D. C. Clark (Chicago: Exploration Press, 1993).
10. United Methodist Church, *Book of Resolutions* (Nashville: United Methodist Publishing House, 2004).

1. 評估牧區內的自殺可能性

1. M. M. Lineham and J. A. Laffaw, "Suicidal Behaviors among

Clients of an Outpatient Clinic Versus the General Population," *Suicide and Life-Threatening Behavior* 12 (1982).

2. C. R. Pfeffer, R. Plutchik, and M. S. Mizruchi, "Suicidal Behavior in Child Psychiatric Inpatients and Outpatients and in Non-Patients," *American Journal of Psychiatry* 143 (1986).
3. Hamilton 抑鬱指標，見 http://healthnet.umassmed.edu/mhealth/HAMD.pdf。不同種類的抑鬱篩查工具可見 http://www.medalreg.com。（使用者必須註冊並使用抑鬱症評估的連結，費用全免。）
4. World Health Organization, " Mastering Depression in Primary Care," (2005). http://www.pdptoolkit.co.uk/Files/wellclosetraining/wellcloseconsult/training/DEPRESSION/mastering_depression_in_primary.htm#2
5. R.W. Maris, "Introduction to the Study of Suicide," in *Comprehensive Textbook of Suicidology*, ed. R.W. Maris, A. L. Berman, and M. M. Silverman (New York: Guilford Press, 2000), R. W. Maris, "Suicide, Gender, and Sexuality," in *Comprehensive Textbook of Suicidology*, ed. R. W. Maris, A. L. Berman, and M. M. Silverman (New York: Guilford Press, 2000).
6. Nation Center for Health Statistics, (2004).
7. J. Merril et al., "Alcohol and Attempted Suicide," *British Journal of Psychiatry* 87 (1992).
8. A. T. Beck and R. A. Steer, "Clinical Predictors of Eventual Suicide," *Journal of Affective Disorders* 17 (1989).
9. G. E. Murphy and R. D. Wentzel, "The Lifetime Risk of Suicide in Alcoholism," *Archives of General Psychiatry* 47 (1990).
10. J. R. Rogers, "Suicide and Alcohol," *Journal of Counseling and Development* 70 (1992).
11. B. L. Tanney, "Psychiatric Diagnoses and Suicidal Acts," in *Comprehensive Textbook of Suicidology*, ed. R.W. Maris, A. L. Berman, and M. M. Silverman (New York: Guilford Press, 2000).

2. 企圖自殺、關顧及康復

1. R. W. Maris, " Suicide Attempts and Methods," in *Comprehensive Textbook of Suicidology*, ed. R. W. Maris, A. L. Berman, and M. M. Silverman (New York: Guilford Press, 2000).

2. P. W. O' Carroll et al., "Beyond the Tower of Babel: A Nomenclature for Suicidology," *Suicide and Life-Threatening Behavior* 26 (1996).
3. K. Hawton et al., "Motivational Aspects of Deliberate Self-Poisoning in Adolescence," *British Journal of Psychiatry* 141 (1982).
4. 在 *Pastoral Care with Stepfamilies: Mapping the Wilderness*（St. Louis: Chalice Press, 2000）裏面，我已經提出，受到非規範性事件（如離婚、兒女是男或女同性戀者）所壓迫的家庭，在定義「良好」家庭的文化敍事之中沒有份。幫助經常以忠告的形式出現，忠告家庭如何改善，以致變得較為「正常」。那些隱藏自己故事的重要部分以作改善的家庭，在其中經歷一些復和及恩典。那些不能的家庭則被邊緣化。對於自殺不遂的人及其家屬來說，這個情況尤其明顯。
5. Robert McAfee Brown, *Theology in a New Key: Responding to Liberation Themes* (Philadelphia: Westminster Press, 1978).
6. 參看 L. L. Townsend, *Pastoral Care with Stepfamilies: Mapping the Wilderness* (St. Louis: Chalice Press, 2000) ，認識對此方法的更完整的描述。
7. B. Gill-Austern, "Love Understood as Self-Sacrifice and Self-Denial: What Does It Do to Women?" in *Through the Eyes of Women: Insights for Pastoral Care*, ed. J. S. Moessner (Minneapolis: Fortress Press, 1996).
8. B. Miller-McLemore, "Family and Work: Can Anyone Have It All?" in *Religion, Feminism, and the Family*, ed. A. Carr and M. S. Van Leeuwen (Louisville: Westminster John Knox Press, 1996), 291.
9. R. W. Maris, "The Relation of Nonfatal Suicide Attempts to Completed Suicides," in *The Assessment and Prediction of Suicide*, ed. R. W. Maris et al. (New York: Guilford Press, 1992).
10. R. W. Maris, A. L. Berman, and M. M. Silverman, *Comprehensive Textbook of Suicidology* (New York: Guilford Press, 2000).
11. J. M. Toolan, "Suicide in Children and Adolescents," *American Journal of Psychotherapy* 29 (1975).
12. M. A. Schuckit, and J. J. Schuckit "Substance Use and Abuse: A Risk Factor in Youth Suicide," in *Alcohol, Drug Abuse, and Mental Health Administration Report of the Secretary's Task*

Force on Youth Suicide. Vol. 2: Risk Factors for Youth Suicide (DHHS Publication no. ADM 89-1622). Washington D.C.: U.S. Government Printing office, 1989.

13. Hawton et al., " Motivational Aspects of Deliberate Self-Poisoning in Adolescence."
14. J. Bancroft et al., " The Reasons People Give for Taking Overdoses: A Further Inquiry," *British Journal of Psychiatry* 52 (1979).
15. A. G. Kaplan and R. B. Klein, "Women and Suicide," in *Suicide: Understanding and Responding*, ed. D. J. Jacobs (Madison: International Universities Press, 1989).
16. R. W. Maris, "Suicide, Gender, and Sexuality," in *Comprehensive Textbook of Suicidology*, ed. R. W. Maris, A. L. Berman, and M. M. Silverman (New York: Guilford Press, 2000).
17. E. Cummings and C. Lazar, "Kinship Structure and Suicide: A Theoretical Link," *Canadian Review of Sociology and Anthropology* 18 (1981).
18. C. C. Neuger, "Women's Depression: Lives at Risk," in *Women in Travail and Transition*, ed. M. Glaz and Stephenson-Moessner (Minneapolis: Fortress Press, 1991).
19. C. C. Neuger, "Narratives of Harm," in *In Her Own Time*, ed. Stephenson-Moessner (Minneapolis: Fortress Press, 2000).
20. P. Cooper-White, "Opening the Eyes," in *In Her Own Time*, ed. Stephenson-Moessner (Minneapolis: Fortress Press, 2000).
21. K. Shaunesey et al., "Suicidality in Hospitalized Adolescents: Relationship to Prior Abuse," *American Journal of Orthopsychiatry* 63(1993).
22. Neuger, "Women's Depression."
23. T. F. Dugan and M. L. Belfer, "Suicide in Children: Diagnosis, Management, and Treatment," in *Suicide: Understanding and Responding*, ed. D. J. Jacobs and H. N. Brown (Madison: International Universities Press, 1989).
24. M. Kovacs, D. Goldston, and D. Gatsonis, "Suicidal Behaviors and Children-Onset Depressive Disorders: A Longitudinal Investigations," *Journal of the American Academy of Child Psychiatry* 32 (1993).

25. R. W. Maris et al., *The Clinical Prediction of Suicide* (New York: Guilford Press, 1992).

26. S. G. Schneider, N. L. Farberow, and G. N. Kruks, "Suicidal Behavior in Adolescent and Adult Gay Men," *Suicide and Life-Threatening Behavior* 19 (1989). A. H. Faulkner and K. Cranston, "Correlates of Same-Sex Behavior in a Random Sample of Massachusetts High School Students," *American Journal of Public Health* 8 (1998).

27. G. Ramifedi et al., "The Relationship between Suicide Risk and Sexual Orientation: Results of a Population-Based Study," *Pediatrics* 87 (1991).

28. Maris et al., *The Clinical Prediction of Suicide*.

29. R. W. Maris and P. A. Nisber, "Age and the Lifespan," in *Comprehensive Textbook of Suicidology*, ed R. W. Maris, A. L. Berman, and M. M. Silverman (New York: Guilford Press, 2000).

30. R. W. Maris, *Pathways to Suicide: A Survey of Self-Destructive Behaviors* (Baltimore: Johns Hopkins University Press, 1981).

3. 基督徒羣體的自殺脆弱程度及生命

1. 有些著名的研究顯示，祈禱及默想對治療生理及心理失調症都有正面的影響。參看：V. B. Carson, "Prayer, Meditation, Exercise, Special Diets: Behaviors of the Hardy Person with HIV/AIDS," *Journal of the Association of Nurses in AIDS Care*, 4 (1993): 18～28; K. H. Kaplan, D. L. Goldenberg, and M. Galvin-Nadeu, "The Impact of Meditation-based Stress Reduction Program on Fibromyalgia," *General Hospital Psychiatry*, 15 (1993): 284～289。

2. A. B. Newberg and E. G. D'Aquili, "The Neuropsychology of Spiritual Experience," in *Handbook of Religion and Mental Health*, ed H. Koenig (New York: Academic Press, 1998), 75～94.

3. Émile Durkheim, *Le Suicide: Etude de Sociologie* (Paris: Alcan, 1897).

4. G. W. Allport, *The Individual and His Religion* (New York: Macmillian, 1960).

5. V. Genia and D. Shaw, "Religion, Intrinsic-Extrinsic Orientation, and Depression," *Review of Religious Research* 32, no. 3 (1991); P. J. Watson et al., "Sin, Depression, and Narcissism," *Review*

of Religious Research 29 (1998); P. J. Watson, R. J. Morris, and R. W. Hood, "Sin and Self-Functioning, Part 4: Depression, Assertiveness, and Religious Commitments," *Journal of Psychology and Theology* 17 (1989).

6. W. L. Ventis, "The Relationship between Religion and Mental Health," *Journal of Social Issues* 51 (1995).
7. C. H. Hackney and G. S. Sanders, "Religiosity and Mental Health: A Meta-Analysis of Recent Studies," *Journal for the Scientific Study of Religion* 42 (2003); J. M. Salsman and C. R. Carlson, "Religious Orientation, Mature Faith, and Psychological Distress: Elements of Positive and Negative Associations," *Journal for the Scientific Study of Religion* 44, no. 2 (2005).
8. H. G. Koenig, ed., *Handbook of Religion and Mental Health* (New York: Academic Press, 1998).
9. Hackney and Sanders, "Religiosity and Mental Health: A Meta-Analysis of Recent Studies."
10. D. M. Anglin, O. S. Kamieka, and N. J. Kaslow, " Suicide Acceptability and Religious Well-Being: A Comparative Analysis in African American Suicide Attempters and Non-Attempters," *Journal of Psychology and Theology* 33, no. 2 (2005); L. A. Cooper et al., "How Important Is Intrinsic Spirituality in Depression Care?" *Journal of General Internal Medicine* 16 (2001); K. E. Early, *Religion and Suicide in the African-American Community* (Westport, Conn.: Greenwood Publishing Group, 1992); K. E. Early and R. L. Akers, " 'It's a White Thing' : An Exploration of Beliefs about Suicide in the African American Community," *Deviant Behavior* 14 (1993).
11. K. E. Early and R. L. Akers, " 'It's a White Thing' : An Exploration of Beliefs About Suicide in the African American Community," *Deviant Behavior* 14 (1993).
12. L. A. Cooper et al., " How Important Is Intrinsic Spirituality in Depression Care?" *Journal of General Internal Medicine* 16 (2001).
13. Anglin, Kamieka, and Kaslow, "Suicide Acceptability and Religious Well-Being: A Comparative Analysis in African American Suicide Attempters and Non-Attempters."
14. K. I. Pergament and C. R. Brant, "Religion and Coping," in

Handbook of Religion and Mental Health, ed. H. G. Koenig (New York: Academic Press, 1998).

15. W. E. Oates, *When Religion Gets Sick* (Philadelphia: Westminster Press, 1970).
16. Oates, *When Religion Gets Sick.*
17. E. P. Wimberly, *Relational Refugees: Alienation and Reincorporation in African American Churches and Communities* (Nashville: Abingdon, 2000).
18. Wimberly, *Relational Refugees*, 32.
19. E. B. Crawford, *Hope in the Holler: A Womanist Theology* (Louisville: Westminster John Knox Press, 2002).
20. Crawford, *Hope in the Holler*, xi.
21. Crawford, *Hope in the Holler*, 117.
22. Crawford, *Hope in the Holler*, xii.
23. Crawford, *Hope in the Holler*, 114.
24. W. Farley, *Tragic Vision and Divine Compassion: A Contemporary Theodicy* (Louisville: Westminster/ John Knox Press, 1990).
25. Farley, *Tragic Vision and Divine Compassion*, 58.
26. Farley, *Tragic Vision and Divine Compassion*, 114.
27. W. R. Shadish and S. A. Baldwin, “ Meta-Analysis of MFT Interventions, “ in *Effectiveness Research in Marriage and Family Therapy*, ed. D. H. Sprenckle (Alexandria: AAMFT, 2002).

4. 對自殺身亡的回應

1. L. A. Hoff, *People in Crisis: Understanding and Helping*, 4th ed. (San Francisco: Wiley Trade Publishing, 1995).
2. C. V. Gerkin, “ Crisis Ministry,” in *Dictionary of Pastoral Care and Counseling, Expanded Edition*, ed. R. Hunter (Nashville: Abingdon Press, 2005).
3. Gerkin, “Crisis Ministry,” 248.
4. Dietrich Bonhoeffer, *Ethics* (New York: Macmillan, 1955).
5. L. S. Townsend, “Four Stages of Pastoral Presence” (Hospice of Louisville, 2004).
6. C. V. Gerkin, *Crisis Experience in Modern Life: Theory and*

Theology for Modern Life (Nashville: Abingdon Press, 1979).

7. E. Kubler-Ross, *On Death and Dying* (New York: Touchstone Books, 1969). David Switzer, 在 *The Dynamics of Grief*（Nashville: Abingdon Press, 1970）中提出一個有六個階段的悲傷過程，包括震驚、麻木、在幻想及真實之間掙扎、衝破悲傷、選擇性記憶及痛苦、接受損失及肯定生命。

8. Gerkin, *Crisis Experience in Modern Life.*

9. J. O. Brende, *Assessment of Post-Traumatic Stress Symptoms: A Twelve-Step Approach* (Columbus: Trauma Recovery Publications, 1991); J. O. Brende, *Trauma Recovery for Victims and Survivors: A Twelve-Step Recovery Program for Group Leaders* (Columbus: Trauma Recovery Publications, 1994).

10. R. W. Maris, "The Social Relations of Suicides," in *Comprehensive Textbook of Suicidology*, ed. R. W. Maris, A. L. Berman, and M. M. Silverman (New York: Guilford Press, 2000).

Caring系列 實踐信仰的關懷，共度人生的起伏。

妥善處理自殺個案

Suicide: A Pastoral Response

洛倫．湯森（Loren L. Townsend）著／鄧英偉 譯／HK$68

危而不亂——與病人及親屬面對倫理困境

Caring for Those in Crisis: Facing Ethical Dilemmas with Patients and Families

肯尼斯．莫特拉姆（Kenneth P. Mottram）著／黃東英 譯／HK$73

與癡呆症共舞——給患者與照顧者的分享及指引

Dancing with Dementia: My Story of Living Positively with Dementia

克莉絲汀．伯頓（Christine Bryden）著／陳永財 譯／HK$78

妥善處理抑鬱症

Coping with Depression

陳善養（Siang-Yang Tan）、奧伯格（John Ortberg）著／明朗兒 譯／HK$48

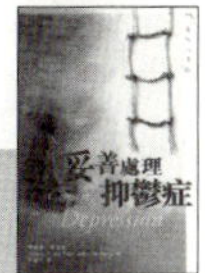

策略性牧養輔導——一個短期有系統的模式

Strategic Pastoral Counseling

貝內爾（David G. Benner）著／陳永財 譯／HK$68

怎能饒恕——策略性牧養輔導

Understanding & Facilitating Forgiveness

羅伯特．哈維（Robert W. Harvey）、貝內爾（David G. Benner）著／陳永財 譯／HK$68

癌病中的盼望——怎樣幫助癌症患者

Counseling People with Cancer

珍．艾特雷-康頓（Jann Aldredge-Clanton）著／羅燕明 譯／HK$78

實踐神學系列

連結牧養與實踐的橋樑，面對當下處境的挑戰。

短期牧養輔導：理念與介入方法

Brief Pastoral Counseling: Short-term Approaches and Strategies

霍華德．斯通（Howard W. Stone）著／李金好 譯／HK$93

大部分教牧人員、輔導員和心理治療師都假定：輔導是需要好幾個月甚至幾年才會見效的。但是，種種研究卻提出另一面向：受助者都希望快速地將問題處理好，他們一般只會接受來四次或以下的面談次數，如果在初段的數次面談都不能引發改變，受助者便會放棄繼續治療。本書從策略的層面幫助輔導員弄清楚受導者的真正需要，從而指派家課，再加強受導者本身已有的強處；以及及介紹多個介入方法用來促使受助者所想望的改變發生。

易構——牧養關顧的新方法

Reframing: A New Method in Pastoral Care

甘東農（Donald Capps）著／譚偉光 譯／HK$83

易構（reframing）是離開原有的視角和框架，重新建構另一框架去看同一件事情。「塞翁失馬焉知非福」就是中國人運用易構智慧的最佳例子。雖然我們在日常生活中常常會用到易構法，但成功易構的比率卻不多，尤其是在關顧事工上。本書從理論層面分析易構法，使用易構時該注意的事項，以致能有意識地使用易構法，提高成效。此外，更提供案例和各種牧養處境，説明多種使用易構時可挪用的技巧。祈連堡（Howard Clinebell）等牧養輔導大師全力推薦。

鮮活故事——教會　的牧養輔導

Living Stories: Pastoral Counseling in Congregational Context

甘東農（Donald Capps）著／李金好 譯／HK$88

「鮮活故事」的概念，統合了治療大師艾力遜、互茲拉威克、狄世沙等人所提倡的輔導理論，作者甘東農有洞見地提出，教會牧養輔導者根本就是常常聆聽會眾的故事，以重新詮釋他們的故事，來協助他們在主內成長，大步跨過死蔭幽谷。若牧養者能把握啟發故事（inspirational story）、弔詭故事（paradoxical story）和神蹟故事（miracle story）的竅門，教會的牧養輔導工作，必然事半功倍。本書不是寫給輔導專家或牧養神學家看，而是專為牧職人員而寫的。讀者不必有深厚的輔導基礎，也能掌握書中所談。

緊扣時代　服事教會

以文字傳揚基督真道

讀者意見表

衷心多謝你購買本社書籍。本社一直致力以出版事工服事教會，幫助信徒扎根於神的話語，促進靈命增長。為使我們的出版更能滿足你的需要，請填寫下列各項資料，並寄回或傳真予本社。

所購書籍：______________________________

本書最吸引你的地方：
□作者　□適切性　□文筆　□設計　□實用性
□其他：______________________________

購買本書地點：
□基道書樓　□基督教書店　□非基督教書店

性別：□男　□女　職業：______________________

信仰：□基督徒　□非基督徒

年齡：□ 16 歲或以下　□ 17～25 歲　□ 26～35 歲
□ 36～55 歲　□ 56 歲或以上

學歷：□中三或以下　□中五　□預科
□大學　□研究院

□我欲更多了解基道出版社的事工及考慮支持，請寄給我下列資料：
□機構簡介　□新書資料　□基道會員通訊
□《基道文字事工通訊》

姓名：______________________電話：______________

地址：______________________________________

____

傳真：______________　電子郵件：________________

其他意見：__________________________________

____

多謝賜教！

基道出版社

意見表可以傳真（2687-0281）或直接郵寄以下地址：
香港沙田火炭坳背灣街26號富騰工業中心1011室
基道出版社編輯部收